UNI VERSO

POESIA SEM FRONTEIRAS

Copyright © 2024 por Lura Editorial.
Todos os direitos reservados.

Gerente Editorial
Roger Conovalov

Coordenação Editorial
Stéfano Stella

Preparação
Débora Barbosa

Diagramação
Manoela Dourado

Capa
Allora Artes

Tradução
Javier A. Prendes Morejón

Todos os direitos reservados. Impresso no Brasil.
Nenhuma parte deste livro pode ser utilizada, reproduzida ou armazenada em qualquer forma ou meio, seja mecânico ou eletrônico, fotocópia, gravação etc., sem a permissão por escrito da editora.

DADOS INTERNACIONAIS DE CATALOGAÇÃO NA PUBLICAÇÃO (CIP)
(Câmara Brasileira do Livro, SP, Brasil)

U58
    Uni Verso: poesia sem fronteiras / Organização de Lura Editorial -- 1. ed. -- São Caetano do Sul, SP : Lura Editorial, 2024.

    Vários autores

    448 p. 14 x 21 cm

    ISBN: 978-65-5478-162-6

    1. Poesia. 2. Antologia. 3. Literatura brasileira. I. Lura Editorial (Organização). II. Título.

CDD: 869.91

Índice para catálogo sistemático
I. Poesia : Literatura brasileira : Antologia
Bibliotecária Janaina Ramos – CRB-8/9166

[2024]
Lura Editorial
Alameda Terracota, 215, sala 905, Cerâmica
09531-190 – São Caetano do Sul - SP – Brasil
www.luraeditorial.com.br

SUMÁRIO

PALHA DE BRASA, 24
PAJA DE BRASA, 25
    Débora Cristina Albertoni

BELEZA OUTONAL, 26
BELLEZA DE OTOÑO, 27
    Alba Mirindiba Bomfim Palmeira

ALVORECER, 28
ALBOREAR, 29
    Alice Osti

DAS PROFUNDEZAS, 30
DE LAS PROFUNDIDADES, 31
    Alice Osti

CORDA NO PESCOÇO, 32
SOGA AL CUELLO, 33
    Aline Pacheco

MEMORIAL, 34
MEMORIAL, 35
    Aline Pacheco

SEM PROGNÓSTICO, 36
SIN PRONÓSTICO, 37
    Amalri Nascimento

ESPELHO, 38
ESPEJO, 39
    Amanda Moura

MIMETISMO, FLOR X FERA, 40
MIMETISMO, FLOR X FIERA, 41
    Ana Margarida Amaral

PUREZA MACULADA, 42
PUREZA MACULADA, 43
Ana Margarida Amaral

DEVAGAR E SEMPRE, 44
DESPACIO Y SIEMPRE, 45
Ana Nebulosa

MAR EM POESIA, 46
MAR EN POESÍA, 47
Anamour

A UMA MULHER PERUANA, 48
A UNA MUJER PERUANA, 49
Anarosa Pereira

PERSISTÊNCIAS, 50
PERSISTENCIAS, 51
André Galvão

PARATI, SENHOR DE MIL NOMES (KRISHNA), 52
PARA TI, SEÑOR DE MIL NOMBRES (KRISHNA), 53
Eliane Pantoja Vaidya

LIMIAR, 54
UMBRAL, 55
Andro Averatz

CARTAS, 56
CARTAS, 57
Angela Vianna Miranda

TEU ABRAÇO, 58
TU ABRAZO, 59
Ani Zorieuq

EXPLOSÃO, 60
EXPLOSIÓN, 61
Anildes Ribeiro

UM CORPO, SOMENTE UM CORPO, 62
UN CUERPO, SOLAMENTE UN CUERPO, 63
Ari Santana

O CAOS DE SER, 64
EL CAOS DE SER, 65
    Ariadlis Pacheco Garcia

VIDA, 66
VIDA, 67
    Arthur Blade

ROTAÇÃO DA TERRA, 68
ROTACIÓN DE LA TIERRA, 69
    Astrid Damasco

EXPANDINDO, 70
EXPANDIENDO, 71
    Audrey

UMA CARTA AOS VIVOS, 72
UNA CARTA A LOS VIVOS, 73
    Audrey

FAZER, DE PEQUENOS RETALHOS, GRANDES HISTÓRIAS, 74
HACER, DE PEQUEÑOS RETAZOS, GRANDES HISTORIAS, 75
    Ana Beatriz Rezende Prado

VAGO ESPAÇO, 76
ESPACIO VACÍO, 77
    Bebeto *(in memorian)*

ELE ABRAÇOU A ESCURIDÃO, 78
ÉL ABRAZÓ LA OSCURIDAD, 79
    Bruna A. Silva Lima

O PASSADO FOI, O PRESENTE ESTÁ E O FUTURO SERÁ, 80
EL PASADO FUE, EL PRESENTE ESTÁ Y EL FUTURO SERÁ, 81
    C. P. Santos

MORREMOS?, 82
¿MORIMOS?, 83
    C. Veras

PRECE, 84
ORACIÓN, 85
    Cristina de Oliveira Leopoldino

VESTÍGIO, 86
VESTIGIO, 87
   Caio Lebal Peixoto

QUEM SABE, 88
QUIÉN SABE, 89
   Carlos Affei

A PELE DO ABISMO, 90
LA PIEL DEL ABISMO, 91
   Carlos Gildemar Pontes

SAGAZ, 92
SAGAZ, 93
   Caroline de Carvalho

VERA, VERÁS, 94
VERA, VERÁS, 95
   Cecilia Torres

ROMANCE, 96
ROMANCE, 97
   Charlotte Dominick

SENTIR-TE, 98
SENTIRTE, 99
   Chayah Zayt

ENTRE PALAVRAS TE REVELO, 100
ENTRE PALABRAS TE REVELO, 101
   Chayah Zayt

MEU POEMA É POESIA EM EBULIÇÃO, 102
MI POEMA ES POESÍA EN EBULLICIÓN, 103
   Chico Duarte

PÉ DE POEMA, 104
PLANTA DE POEMA, 105
   Chico Duarte

NÃO OUÇO MAIS NENHUMA VOZ, 106
YA NO ESCUCHO NINGUNA VOZ, 107
   Chico Jr.

SEXTA-FEIRA, 21 DE JUNHO DE 1987, 108
VIERNES, 21 DE JUNIO DE 1987, 109
    Cibely Hobi

QUANDO FALEI QUE TE AMO, 110
CUANDO DIJE QUE TE AMO, 112
    Cíntia Migatta

DECLARAÇÃO DE AMOR, 114
DECLARACIÓN DE AMOR, 115
    Cíntia Migatta

RUA SEM SAÍDA, 116
CALLE SIN SALIDA, 117
    Cíntia Migatta

A CANÇÃO DE SANDRO, 118
LA CANCIÓN DE SANDRO, 119
    Clarissa Machado

MAR, 120
MAR, 121
    Claudia Maria de Almeida Carvalho

A MULHER E OS ELEMENTOS, 122
LA MUJER Y LOS ELEMENTOS, 123
    Cláudia Soave

SILÊNCIO, 124
SILENCIO, 125
    Cláudia Soave

SEMENTE (SIMIENTE), 126
SEMILLA (SIMIENTE), 128
    Cláudio Almeida

A BOCA DO RIO, 130
LA BOCA DEL RÍO, 131
    Claudio Queiroz

IMPUNEMENTE, 132
IMPUNEMENTE, 133
    Claudio Rozza

SOBREVIVENDO, 134
SOBREVIVIENDO, 135
  Consuelo Travassos

UM DIA SÓ MEU, 136
UN DÍA SOLO MÍO, 137
  Cris Pedreira

GÊNESE, 138
GÉNESIS, 139
  D.E.

TUA VOZ MEGNIWICCA, 140
TU VOZ MEGNIWICCA, 141
  Daniel Lopes Torres

ONDE A VIDA PULSA, 142
DONDE LA VIDA PULSA, 143
  Dapaz Sousa

BRINDE, 144
BRINDIS, 145
  Déa Canazza

BELA DAMA, 146
BELLA DAMA, 147
  Denise Marinho

INQUIETAÇÃO, 148
INQUIETUD, 150
  Denise Marinho

ENTRE A CRUZ E A ESPADA, 152
ENTRE LA CRUZ Y LA ESPADA, 153
  Eder Diniz

FIGURAS DO FOLCLORE BRASILEIRO, 154
FIGURAS DEL FOLCLORE BRASILEÑO, 155
  Édson Ceretta

ACORDAR COM OS PASSARINHOS, 156
DESPERTAR CON LOS PAJARITOS, 157
  Édson Ceretta

RIO CAPIVARA, 158
RÍO CAPIVARA, 160
    Eduardo Rodrigues e Albuquerque

BANCOS, 162
BANCOS, 163
    Elaine Vilela

O ADEUS DE DINAMENE, 164
EL ADIÓS DE DINAMENE, 166
    Eliane Pantoja Vaidya

A PLACIDEZ DO TEMPO, 168
LA PLACIDEZ DEL TIEMPO, 169
    Elisa Fes

PRIMAVERA, 170
PRIMAVERA, 171
    Elisabete Pereira

CUATRO VIENTOS, 172
CUATRO VIENTOS, 173
    Elísio Gomes Filho

UM DIA, 174
UN DÍA, 175
    Fábio Rocha

MUDANÇA, 176
CAMBIO, 177
    Fábio Spina

TÃO NOSSO, TÃO MEU, 178
TAN NUESTRO, TAN MÍO, 179
    Maria de Fátima Fontenele Lopes

HAIKAIS-ESTAÇÕES I, 180
HAIKÚS-ESTACIONES I, 181
    Fátima Xavier

HAIKAIS-ESTAÇÕES II, 182
HAIKÚS-ESTACIONES II, 183
    Fátima Xavier

AMOR RAIZ, 184
AMOR RAÍZ, 185
  Fernanda Pires Sales

SELVAGERIA, 186
SALVAJADA, 187
  Fernanda Pires Sales

1986, 188
1986, 189
  Fernando José Cantele

O LUGAR ESCOLHIDO, 190
EL LUGAR ELEGIDO, 191
  Francieli Santoro

NA ESCURIDÃO, 192
EN LA OSCURIDAD, 193
  Franklin Hopkins

SOBRE POESIA, 194
SOBRE LA POESÍA, 195
  G. Pitz

COORDENADAS, 196
COORDINADAS, 197
  Gabriela Gouvêa

ETERNAS INCÓGNITAS, 198
ETERNAS INCÓGNITAS, 200
  Geovanna Ferreira

ANUÁRIO, 202
ANUARIO, 203
  Gilze Bara

GOLPE DE AFETO, 204
GOLPE DE AFECTO, 205
  Glafira Menezes Corti

SUA CHEGADA, 206
SU LLEGADA, 207
  Glafira Menezes Corti

AMAR-FANHAR, 208
AMAR-GANGUEAR, 209
  Grazi Rosal

ESPERA, 210
ESPERA, 211
  Grazi Rosal

AMAR-ELO, 212
AMAR-HILO, 213
  Grazi Rosal

DOZE, 214
DOCE, 216
  Hal Paes

INEXPRIMÍVEL, 218
INEXPRESABLE, 220
  Hal Paes

DESALENTO, 222
DESALIENTO, 223
  Heitor Benjamim

A FANTASIA QUE GANHOU VIDA, 224
LA FANTASÍA QUE GANÓ VIDA, 225
  Helenita Fernandes

FORÇA, 226
FUERZA, 227
  Henrique Polli

POSSESSÃO, 228
POSESIÓN, 229
  Hilda Chiquetti Baumann

NIDAR, 230
ANIDAR, 231
  Irene Genecco de Aza

PRISÃO, 232
PRISIÓN, 233
  Isabel Carneiro de Almeida

INTENSAMENTE, 234
INTENSAMENTE, 235
   Isabel Gemaque

TEMPO DE FLORESCER, 236
TIEMPO DE FLORECER, 238
   Isabella H. Demari

TEMPO DE QUALIDADE, 240
TIEMPO DE CALIDAD, 241
   Isis Paiva

EM PENSAMENTO, 242
EN PENSAMIENTO, 243
   Ivan Lyran

HAIKAI, 244
HAIKÚ, 245
   Ivete Cunha Borges

PERSPECTIVAS, 246
PERSPECTIVAS, 247
   Janilson Sales

MATADEIRO, 248
MATADERO, 249
   Jéssica Goulart Urbano

O UNIVERSO ME FEZ SER ASSIM, 250
EL UNIVERSO ME HIZO SER ASÍ, 251
   Jéssica Sousa

NINGUÉM..., 252
NADIE..., 253
   João Júlio da Silva

CONSTELAÇÕES, 254
CONSTELACIONES, 255
   Jonatas Perote

CÉU AZUL, 256
CIELO AZUL, 257
   Jorge Antonio Salem

O CASULO E A BORBOLETA, 258
EL CAPULLO Y LA MARIPOSA, 259
    José Antonio Ramos Torres

INFÂNCIA, 260
INFANCIA, 261
    José Julio de Azevedo

INFINITIVO, 262
INFINITIVO, 263
    José Sasek

É MAIS DO QUE REAL, 264
ES MÁS QUE REAL, 265
    Juliana Deoldoto

EM QUE CORAÇÃO CONFIASTE O TEU SEGREDO?, 266
¿A QUÉ CORAZÓN CONFIASTE TU SECRETO?, 267
    Kátia Cairo

POR QUE TU ME NEGAS?, 268
¿POR QUÉ TÚ ME NIEGAS?, 269
    Kátia Cairo

SOMENTE MESMO O AMOR, 270
SOLAMENTE EL AMOR, 271
    Laelder de Souza

E ELAS ERAM LINDAS, 272
Y ELLAS ERAN LINDAS, 273
    Leticia Fonseca

POESIA ATREVIDA, 274
POESÍA ATREVIDA, 275
    Lineia Ribeiro Martins

SALTOS NO AR, 276
SALTOS EN EL AIRE, 15
    Lisah Figueira

DELICADEZA, 278
DELICADEZA, 279
    Líver Roque

O ACASO DO OCASO, 280
EL ACASO DEL OCASO, 281
  Líver Roque

NÃO SEI DE POESIA, 282
NO SÉ DE POESÍA, 283
  Lu Genez

ESTAÇÃO, 284
ESTACIÓN, 285
  Luan Jesus LJ

OLIVIA, 286
OLIVIA, 287
  Luanin Chandrama Kanishth

A MALA, 288
LA MALETA, 289
  Lúcia Nasser

PARA PARAR O TEMPO, 290
PARA DETENER EL TIEMPO, 291
  Luciana Éboli

FLOR DE LÓTUS, 292
FLOR DE LOTO, 293
  Luciana Muniz da França

ESCOLA RUTH, 294
ESCUELA RUTH, 295
  Lucirene de Oliveira Gonçalves

PRINCESA DO BRASIL, 296
PRINCESA DE BRASIL, 297
  Lucirene de Oliveira Gonçalves

RESPONSABILIDADE ECONÔMICA/AMBIENTAL/SOCIAL, 298
RESPONSABILIDAD ECONÓMICA/AMBIENTAL/SOCIAL, 299
  Luis Carlos

ADEUS, AMIGO, 300
ADIÓS, AMIGO, 301
  Luísa Nogueira

DOIS CAMINHOS, 302
DOS CAMINOS, 303
    Luiz dos Anjos

A INFÂNCIA QUE HABITA EM MIM, 304
LA INFANCIA QUE HABITA EN MÍ, 305
    Mácio Nunes Machado

FORA DA LEI, 306
FUERA DE LA LEY, 307
    Magno Assis

A CIÊNCIA DE UM ESCRITOR, 308
LA CIENCIA DE UN ESCRITOR, 309
    Maikel S.S.

BANQUETE POÉTICO, 310
BANQUETE POÉTICO, 311
    Maldireno Francisco

À PROCURA DA ALEGRIA, 312
EN BUSCA DE LA ALEGRÍA, 313
    Marcelo M. Lima

ASAS, 314
ALAS, 315
    Márcio Castilho

HAI-CAI, 316
HAI-KÚ, 317
    Marcos Dertoni

UM ITINERÁRIO, 318
UN ITINERARIO, 319
    Maria Bernadete B. de Oliveira

IMERSÃO, 320
INMERSIÓN, 321
    Maria Braga Canaan

2024 – O QUE NÃO VOU DEIXAR DE FAZER, 322
2024 – LO QUE NO DEJARÉ DE HACER, 323
    Maria do Carmo R. Procaci

RAINHA DA NOITE, 324
REINA DE LA NOCHE, 325
Maria do Carmo R. Procaci

POR QUE A LUZ DAS ESTRELAS OSCILA?, 326
¿POR QUÉ LA LUZ DE LAS ESTRELLAS OSCILA?, 327
Mariane Capella

UM DEDO DE PROSA, 328
UN DEDO DE PROSA, 329
Marilda Silveira

CALMARIA, 330
CALMA, 331
Marina Arantes

INQUIETAÇÕES, 332
INQUIETUDES, 334
Marli Beraldi

UM SÁBIO NA CABECEIRA, 336
UN SABIO EN LA CABECERA, 338
Max Raposo

UNI.VERSAL, 340
UNI.VERSAL, 341
Mila Bedin Polli

DAMA, 342
DAMA, 343
Milla Nater

A ÚLTIMA VEZ, 344
LA ÚLTIMA VEZ, 346
Mirelle Cristina da Silva

SONHAR CONHECER, 348
SOÑAR CONOCER, 349
Moacir Angelino

ENTRE LÍRIOS E LÁBIOS, 350
ENTRE LIRIOS Y LABIOS, 351
Mozane Dutra de Sousa

RITMOS CALIENTES, 352
RITMOS CALIENTES, 353
　Neusa Amaral

ENAMORADOS, 354
ENAMORADOS, 355
　Osalda Maria Pessoa

CINTURÃO DE ÓRION, 356
CINTURÓN DE ORIÓN, 357
　Patrícia Ruiz

MADONA, 358
MADONA, 359
　Paulo Rogério

CIA. CASTANHA (DESEJOS DE CAJÁ), 360
CIA. CASTAÑA (DESEOS DE CAJÁ), 361
　Paulo Rogério

A MENINA BRASILEIRA QUE REZOU NA ARGENTINA, 362
LA NIÑA BRASILEÑA QUE REZÓ EN ARGENTINA, 364
　Gema Galgani da Fonseca

UNI VERSO, 366
UNI VERSO, 367
　Pedro Ribeiro

CAMINHO, 368
CAMINO, 369
　Priscila Mello

NATURALMENTE BELA, 370
NATURALMENTE BELLA, 371
　Queilla Gonçalves

DESPRENDIMENTO, 372
DESPRENDIMIENTO, 374
　Rafaéla Milani Cella

A VIDA QUE EU HEI DE VIVER, 376
LA VIDA QUE HE DE VIVIR, 377
　Raquel Ramos Romani

JOÃO DE BARRO EM CHAMAS, 378
JOÃO DE BARRO EN LLAMAS, 379
    Regina Silveira

ASTROFILIA, 380
ASTROFILIA, 381
    Renata Neiva

VOLTA QUERIDA!!!!!, 382
¡¡¡¡¡VUELVE QUERIDA!!!!!, 384
    Roberto Ferrari

ÀQUELE, 386
A AQUEL, 387
    Robsom H. B. Colli

CANÇÃO MADRILENHA, 388
CANCIÓN MADRILEÑA, 389
    Ronaldson (SE)

METEOROS, 390
METEOROS, 391
    Rosane Tietbohl

ENTARDECER PLUMBEO, 392
ATARDECER PLÚMBEO, 393
    Rosauria Castañeda

SOBRE AS BOAS PERGUNTAS, 394
SOBRE LAS BUENAS PREGUNTAS, 395
    Rose Chiappa

PALAVRAS EM DELÍRIO, 396
PALABRAS EN DELIRIO, 397
    Rubiane Guerra

PARTES DE UM TODO, 398
PARTES DE UN TODO, 399
    Sérgio Stähelin

ONDE ESTÁ MINHA MÃE, 400
DONDE ESTÁ MI MADRE, 401
    Simone Garcia

DISTÂNCIA, 402
DISTANCIA, 403
  Sofia Lopes

MELANCOLIA, 404
MELANCOLÍA, 405
  Sônia Carolina

HAICAIS, 406
HAIKÚS, 407
  Sônia Gomes

DESATANDO NÓS, 408
DESATANDO NUDOS, 409
  Sônia Gomes

MUNDO INCRÍVEL, 410
MUNDO INCREÍBLE, 411
  Sonia Szàrin

AMOR, RESILIÊNCIA E POESIA OU RECEITA DAS ÁRVORES, 412
AMOR, RESILIENCIA Y POESÍA O RECETA DE LOS ÁRBOLES, 413
  Stella Ventura de Souza

VERSOS DISPERSOS, 414
VERSOS DISPERSOS, 415
  Su Canfora

SÓ, 416
SOLO, 417
  Sueli de Cássia

ENCANTOS DA LUA, 418
ENCANTOS DE LA LUNA, 419
  Sueli de Cássia

SEUS SORRISOS EM MIM, 420
TUS SONRISAS EN MÍ, 421
  Suênia Livene

ENTRE NUANCES, 422
ENTRE MATICES, 423
  Suênia Livene

RAIO DE SOL, 424
RAYO DE SOL, 425
    Suyanne Jhossemy

MENINA MULHER, 426
NIÑA MUJER, 427
    Tayla Marinho

POETISA, 428
POETISA, 429
    Tayla Marinho

SOPRO, 430
SOPLO, 431
    Thamara Mir

O POETA, 432
EL POETA, 433
    Túlio Velho Barreto

ACORDES DA VIDA, 434
ACORDES DE LA VIDA, 435
    Val Matoso Macedo

ESCÁRNIO, 436
ESCARNIO, 437
    Valdimiro da Rocha Neto

DOIS ESTRANHOS, 438
DOS EXTRAÑOS, 439
    Walter Luiz Gonçalves

DESERTO, 440
DESIERTO, 441
    Warliton Sousa

TANTO PASSADO SE FEZ, 442
TANTO PASADO SE HA HECHO, 443
    Yael Lyubliana

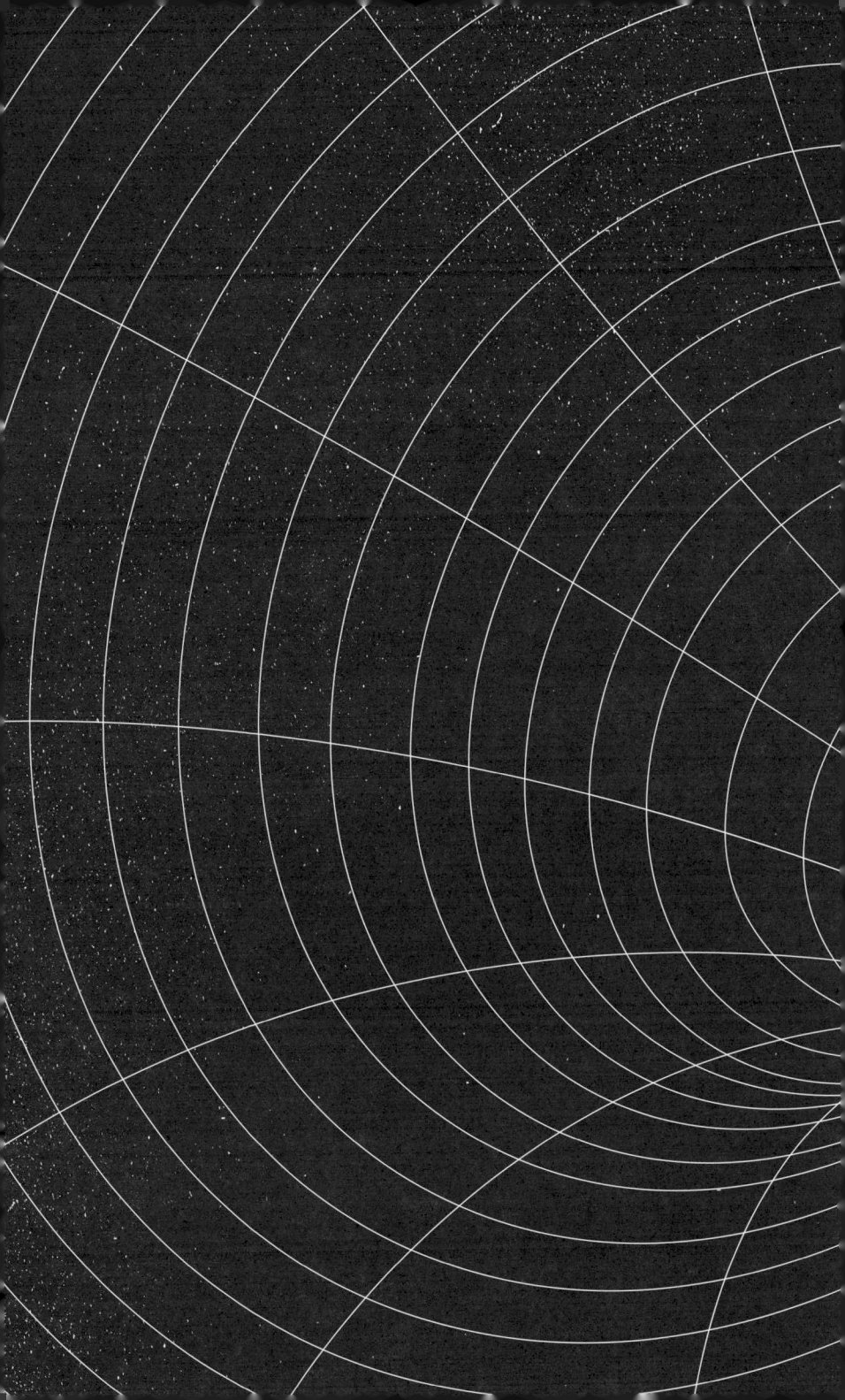

PALHA DE BRASA
Débora Cristina Albertoni

Chamam olhos para ver no espelho
D'alma que tuas fases, faces
Traçam a vida no teu reflexo
Buscam ódio, flores, classes.

Arruma o cabelo, passa o batom,
Alma que jaz naquilo que esconde
E nas máscaras que aprendi a pintar
Em ouro, prata e bronze.

Danço ao som do desespero
Que criei nas raízes do suborno,
A meus fracassos: adornos,
A minhas vitórias: efêmero.

Sanidade é pulverizada na raiz do humanismo,
E humanitarismo é fachada,
Criada pela ordem da caridade
Que de sangue a história está marcada.

Segue a vida, alecrim dourado nasce no ninho,
Cria asas em apoio do galho,
E no subúrbio, o galho debaixo da asa
Seguindo o fluxo sem atalho.

Mas a raiz da tua alma segue no fogo,
Queimam os olhos em brasa,
Tua mente sempre em jogo
E no coração... cansada!

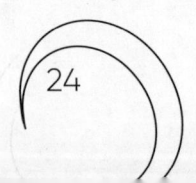

PAJA DE BRASA

Llaman los ojos para ver en el espejo
Del alma que tus fases, rostros
Trenzan la vida en tu reflejo
Buscan odio, flores, clases.

Arregla el cabello, pasa el carmín,
Alma que yace en aquello que esconde
Y en las máscaras que aprendí a pintar
En oro, plata y bronce.

Danzo al son del desespero
Que creé en las raíces del soborno,
A mis fracasos: adornos,
A mis victorias: efímero.

Sanidad es pulverizada en la raíz del humanismo,
Y humanitarismo es fachada,
Creada por la orden de la caridad
Que de sangre la historia está marcada.

Sigue la vida, romero dorado nace en el nido,
Crea alas en apoyo de la rama,
Y en el suburbio, la rama debajo del ala,
Siguiendo el flujo sin atajo.

Mas la raíz de tu alma sigue en el fuego,
Queman los ojos en brasa,
Tu mente siempre en juego
Y en el corazón... ¡cansada!

BELEZA OUTONAL

Alba Mirindiba Bomfim Palmeira

O outono vem chegando:
Árvores desfolhando...

Nítida transição,
Substitui o verão.
Dos frutos, a estação,
Feita com perfeição.

Folhas a amarelar,
E a paisagem a mudar.

Ficamos observando.
Com grande admiração:
Que natureza espetacular!

BELLEZA DE OTOÑO

Otoño está llegando:
Árboles deshojando...

Es clara transición,
Verano, sucesión.
De frutas, la estación,
Hecha con perfección.

El paisaje a cambiar,
Y la amarillear.

Quedamos observando
Con gran admiración:
¡Belleza singular!

ALVORECER
Alice Osti

Paixão, um sopro bravio de vento,
Um indício de tormenta permeia
minha sombra distante, a tudo alheia
relegada a um infindável relento.

Retorno a mim mesma como lamento
d'um receio que em mim se desenfreia.
Um ser cansado, que já nada anseia,
esmorece em veloz, atroz desalento.

A noite escura se transforma em cor:
um deserto de luzes d'alvorada.
Com o seu lume, revivo-me plena,

Em mim, sinto aves em revoada
Um êxtase interno me desordena
ao fremir o meu corpo com ardor.

ALBOREAR

Pasión, un soplo bravío de viento,
Un indicio de tormenta permea
mi sombra distante, a todo ajena
relegada a un interminable rocío.

Vuelvo a mí misma como lamento
de un recelo que en mí se desenfrena.
Un ser cansado, que ya nada añora,
desfallece en veloz, atroz desaliento.

La noche oscura se transforma en color:
un desierto de luces de alborada.
Con su lumbre, me revivo plena,

En mí, siento aves en bandada
Un éxtasis interno me desordena
al temblar mi cuerpo con ardor.

DAS PROFUNDEZAS
Alice Osti

Floresço do pranto como Narciso, afogo-me à flor das palavras
Sobre a face, resvala a substância lacrimal, irreprimível
Cálidas lágrimas nos lábios, engulo a melancolia, encasulo-a
[Sonho, metáfora [vivaz, pueril, infrene] do inconsciente]
Brado em bolhas inaudíveis do marulhante silêncio onírico,
entorpeço-me
[Quanto mais afundo, menos respiro,
se não chego ao fundo, não sei existir]
Desaferrolho a minha mente dos ecos alheios
Na crisálida, a metamorfose: transmuto-me em borboleta,
liberta.

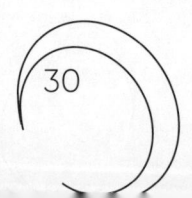

DE LAS PROFUNDIDADES

Florezco del llanto como Narciso, me ahogo en la flor de las palabras
Sobre el rostro, resbala la substancia lacrimal, irreprimible
Cálidas lágrimas en los labios, trago la melancolía, la encierro
[Sueño, metáfora [vivaz, pueril, desenfrenada] del inconsciente]
Vocifero en burbujas inaudibles del ondulante silencio onírico,
me entorpezco
[Mientras más hundo, menos respiro,
Si no llego al fondo, no sé existir]
Libero mi mente de los ecos ajenos,
En la crisálida, la metamorfosis: me transmuto en mariposa,
libre.

CORDA NO PESCOÇO
Aline Pacheco

Nasci com cara de quem sabe nada da vida
Vivi achando saber tudo dela.
Hoje a vida insiste em me manter viva por saber um segredo dela.
Ela mente para mim, contando histórias bonitas para me iludir
Falsa!
Tentando me derrubar a maior parte do tempo e quando cair
Estende a mão e diz com um sorriso, olhando diretamente para mim:
— Espera, eu tenho algo guardado para ti
Com cara deslavada, mostra-me cenas
Estas que te deixaram com cara de babaca
O sorriso de um filho amado
Um momento feliz do seu passado, aqueles raros por isso importantes
— Viu como você foi, é feliz?!
Então, mais uma vez ouvindo a lábia da vida, tiro a corda do pescoço.

SOGA AL CUELLO

Nací con cara de quien nada sabe de la vida
Viví creyendo saber todo de ella.
Hoy la vida insiste en mantenerme viva por saber un secreto de ella.
Ella miente para mí, contando historias bellas para ilusionarme
¡Falsa!
Intentando derribarme la mayor parte del tiempo y cuando caiga
Extiende la mano y dice con una sonrisa, mirándome directamente:
— Espera, tengo algo guardado para ti
Con cara relambida, enséñame escenas
Estas que te dejaron con cara de idiota
La sonrisa de un hijo amado
Un momento feliz de tu pasado, aquellos raros por eso importantes
— ¿Viste como fuiste tú, eres feliz?
Entonces, una vez más oyendo la labia de la vida, me saco la soga del cuello.

MEMORIAL

Aline Pacheco

Às vezes eu morro e nem sinto
Hoje, morri um pouco
Amanhã, eu vivo de novo
Não do tempo de fazer memorial
Há dias vividos com força de morte
Outros vividos, vivo!

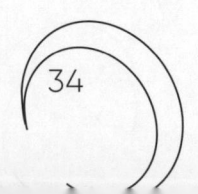

MEMORIAL

A veces muero y siquiera siento
Hoy morí un poco
Mañana vivo de nuevo
No del tiempo de hacer memorial
Hay días vividos con fuerza de muerte
Otros vividos, ¡vivo!

SEM PROGNÓSTICO
Amalri Nascimento

breve
não haverá pão
que alimente
a massa

pássaros
não voarão livres

Joões e Marias
morrem de fome
todos os dias

a bruxa candidatou-se
a cargo eletivo
vai bem nas prévias

não haverá migalhas
que marquem caminhos
onde outros tantos
Josés e Anas
padecem às margens

prognóstico
de futuro
incognoscível

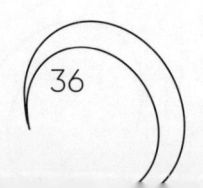

SIN PRONÓSTICO

breve
no habrá pan
que alimente
la masa

pájaros
no volarán libres

Juanes y Marías
mueren de hambre
todos los días

la bruja se presentó
a las elecciones
va bien en las encuestas

no habrá migajas
que marquen caminos
adonde otros tantos
Josés y Anas
padecen en las orillas

pronóstico
de futuro
incognoscible

ESPELHO
Amanda Moura

O passado e a culpa nos meus pensamentos estão a me envolver
E nas validações, fugindo do frio, tentei me esconder
Todas as noites elas faziam emudecer
A voz que me chamou ao espelho me ver

Estou sem forças para sair
Completamente estou perdida em mim
E o silêncio faz todo meu ser oprimir
A ansiedade de fugir veio me invadir

Mas não consigo nem imaginar
Como eu poderia levantar
Se não sei nem onde as mãos amparar
De repente, veio uma luz de fora a brilhar

Mesmo temendo, não pude evitar
O reflexo daquela aurora veio me cegar
Mas com sua terna mão veio me levantar
Para das mãos da escuridão me retirar

Vi refletir a imagem do que há em ti
De todo amor, bondade e verdade, eu temi
Pois havia a presença do meu santo redentor que fez meu ser brilhar como rubi

Tu és o espelho que me desfez por inteiro para ser teu
Para se revelar em mim, sua graça, em amor, me acometeu
Quebrou todo meu orgulho e força de filisteu
Jesus, obrigada por me fazer ver como fizeste com Paulo e Bartimeu
Para ver que há nada melhor em saber que meu amado é meu

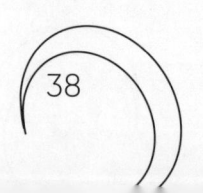

ESPEJO

El pasado y la culpa en mis pensamientos me envuelven
Y en las validaciones, huyendo del frío, intenté esconderme
Todas las noches hacían enmudecer
La voz que me llamó al espejo a verme

Estoy sin fuerzas para salir
Completamente perdida estoy en mí
Y el silencio oprime a todo mi ser
La ansiedad de huir vino a invadirme

Pero no consigo ni imaginar
Cómo me podría levantar
Si no sé dónde las manos amparar
De repente, de afuera vino una luz a brillar

Aun temiendo, no pude evitar
El reflejo de aquella aurora vino a cegarme
Pero con su tierna mano vino a levantarme
Para de las manos de la oscuridad sacarme

Vi reflejar la imagen de lo que hay en ti
De todo amor, bondad y verdad, yo temí
Pues estaba la presencia de mi santo redentor que hizo mi ser
brillar como rubí

Tú eres el espejo que me deshizo por entero para ser tuyo
Para revelarse en mí, su gracia, en amor, me acometió
Quebró todo mi orgullo y fuerza de filisteo
Jesús, gracias por hacerme ver como hiciste a Pablo y Bartimeo
Para ver que nada hay mejor que saber que mi amado es mío

MIMETISMO
FLOR X FERA

(Para Fernando Pessoa)

Ana Margarida Amaral

Vestida de árvore,
coberta por verdes folhas,
despida de todas as malhas.
A menarca outonal a vestiu rubra
e o vento desnudou sua alma,
que se espalha, seca, pela tundra.
Nua, branca e gélida, repousa em diapausa.
Mergulhada em névoa invernal,
desperta pelo tropismo,
rumo ao sol que a desfralda
em longos braços-galhos
adornados por perfumadas grinaldas.
Se distendem e tocam o intangível
estratosférico, insondável anil,
com suas pulseiras coloridas
de miçangas sumarentas
a serem por completo consumidas.
Num despir inocente dos seus ramos
o tronco de mulher se desnuda.
Sob o súber, surge e transmuta
o vegetal hirto feminino,
a desvendar o animal oculto
— em árvore travestido.
Grita, rasga e dilacera
as mortalhas do seu eu-planta,
a libertar seu bicho-fêmea
até então reprimido.

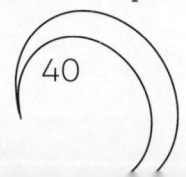

MIMETISMO
FLOR X FIERA

(Para Fernando Pessoa)

Vestida de árbol,
cubierta por verdes hojas,
desnuda de todas las tramas.
La menarca otoñal la vistió rubra
y el viento desnudó su alma,
que se dispersa, seca, por la tundra.
Desnuda, blanca y gélida, reposa en diapausa.
Sumergida en neblina invernal,
despierta por el tropismo,
rumbo al sol que la despliega
en largos brazos-ramas
adornados por perfumadas guirnaldas.
Se distienden y tocan lo intangible
estratosférico, insondable añil,
con sus pulseras de colores
de baratijas jugosas
a ser por completo consumidas.
En un despojarse inocente de sus ramas
el tronco de mujer se desnuda.
Bajo el súber, sale y transmuta
el vegetal hirsuto femenino,
develando el animal oculto
— en árbol travestido.
Grita, rasga y dilacera
las mortajas de su yo-planta,
liberando su bicho-hembra
hasta entonces reprimido.

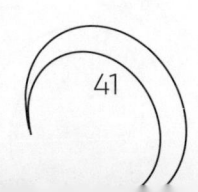

PUREZA MACULADA
Ana Margarida Amaral

crianças presas nas salas,
atadas às telas
atrás das grades,
olham a vida pelas janelas

cadê a infância do pé descalço
da pipa no alto, do pique tá?
é festa do junk food
banho de chuva, nem pensar!

do sistema, são presas indefesas
cujas mentes obliteradas,
por famílias desestruturadas
pela falta de atenção

medos, crises, ansiedade,
desnutridas de afeto,
vítimas da sociedade
de empatia, analfabetos

pequenos adultos deformados
entregues aos lobos virtuais
são peixinhos presos em redes,
afogados em mentiras dos jornais

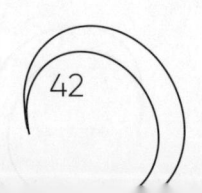

PUREZA MACULADA

niños encarcelados en salas,
atados a pantallas
tras las rejas,
miran la vida a través de las ventanas

¿dónde está la infancia del pie descalzo
del papalote en lo alto, del escondite?
es la fiesta del junk food
bañarse en la lluvia, ¡ni pensar!

del sistema, son presas indefensas
cuyas mentes obliteradas,
por familias disfuncionales
por la ausencia de atención

miedos, crisis, ansiedad,
desnutridas de afecto,
víctimas de la sociedad
de empatía, analfabetos

pequeños adultos deformados
a merced de lobos virtuales
son pececillos presos en redes,
ahogados en mentiras de la prensa

DEVAGAR E SEMPRE
Ana Nebulosa

Assim dizia "ora, penas" e
"Penas de ouro"
Ou então, quem sabe "penas de outro"
Hoje, o que nos leva é o então do quase
Porque esse se propaga muito mais no haver da cama
Que lama foi chegar até ela
Hei de brindar esse momento por tantas outras
Tantas outras primaveras
Que serão sempre disso
Um pormenor de feitiço
Um puro ácido na cara, derramado em lágrimas tão guardadas
e enferrujadas
Que inebriam aquela pele em que me visto
Elas, as cascas em que me cubro, precisavam disso
Desse rio de águas salgadas e também
De abraço de mar que é o teu beijo
Esse sim me lembra do que eu nunca fui
Nem nunca serei
Mas que você, amor, sabe bem como encontrar.

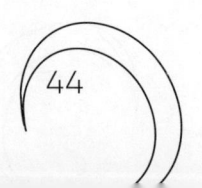

DESPACIO Y SIEMPRE

Así decía "vaya, penas" y
"Plumas de oro",
O entonces, quién sabe "penas de otro"
Hoy, lo que nos lleva es el entonces del casi
Porque este se propaga mucho más en lo que pasa en la cama
Que lodo fue llegar hasta ella
He de brindar ese momento por tantas otras
Tantas otras primaveras
Que serán siempre de eso
Un pormenor de hechizo
Un puro ácido en la cara, derramado en lágrimas tan
guardadas y herrumbradas
Que embriagan aquella piel con que me visto
Ellas, las cáscaras con que me cubro, necesitaban eso
De ese río de aguas saladas y también
El abrazo del mar que es tu beso
Eso sí me recuerda lo que nunca fui
Ni nunca seré
Pero que tú, amor, sabes bien como encontrar.

MAR EM POESIA
Anamour

Diante do chão, as mãos pegam os grãos.
E eles escorrem lentamente, acompanhando o que passa na mente.

Ao levantar, os grãos são sacudidos quando uma mão se encontra com a outra.
E na mesma intensidade a vontade de olhar a paisagem é louca!

Quando o corpo fica totalmente ereto, a visão de ver o mar e o brilho no olhar é certo.

Como é lindo e gostoso sentir a maresia!
Com certeza Deus fez o mar em poesia.

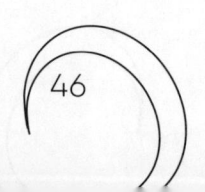

MAR EN POESÍA

Delante del piso, las manos recogen los granos.
Y se escurren lentamente, siguiendo lo que pasa en la mente.

Al levantarse, los granos son sacudidos cuando una mano se encuentra con otra.
¡Y en la misma intensidad la voluntad de mirar el paisaje es loca!

Cuando el cuerpo queda totalmente erecto, la visión de ver el mar y el brillo en la mirada es cierto.

¡Cómo es bello y sabroso sentir la brisa del mar!
Seguramente Dios hizo el mar de poesía.

A UMA MULHER PERUANA
Anarosa Pereira

Os olhos de uma mulher peruana
Que na aurora encontrou-me
Abraça-me!
alma tua e me ama
quisera ser...
o pássaro Condor!
Sobrevoando as Cordilheiras
qual voa com a liberdade
Abraça-me!
mulher peruana
su'alma inocente, corpo quente
mistério!
Asas abertas
voando no espaço
mulher peruana, teu abraço
o pássaro!
Abraça-me!
solitário!
Voa...
Condor
Voa!
sobrevoando devagar pelos Andes...

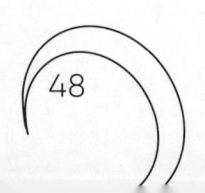

A UNA MUJER PERUANA

Los ojos de una mujer peruana
Que en la aurora me encontró
¡Abrázame!
alma tuya y ámame
quisiera ser...
¡el pájaro Cóndor!
Sobrevolando las Cordilleras
cual vuela con la libertad
¡Abrázame!
mujer peruana
tu alma inocente, cuerpo caliente
¡misterio!
Alas abiertas
volando en el espacio
mujer peruana, tu abrazo
¡el pájaro!
¡Abrázame!
¡solitario!
Vuela...
Cóndor
¡Vuela!
sobrevolando despacio por los Andes...

PERSISTÊNCIAS
André Galvão

Talvez não haja som no precipício...
Talvez acordar não resolva o pesadelo...

Entre os matizes da imprevisibilidade
flerto com o perigo de viver
pisando nos calos da vaidade alheia

E essa minha mania
— ingênua e fora de moda —
de me colocar no lugar dos outros
ainda me machuca

Disso não colho nada mais
que desdéns e ironias
sem qualquer tipo de perdão

Mas eu insisto em ouvir o som
que pode vir do precipício.

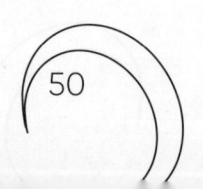

PERSISTENCIAS

Quizás no exista sonido en el precipicio...
Quizás despertar no resuelva la pesadilla...

Entre los matices de la imprevisibilidad
flirteo con el peligro de vivir
pisando los callos de la vanidad ajena

Y esa mi manía
— ingenua y fuera de moda —
de ponerme en el lugar de los demás
aún me lastima

De eso no recojo nada más
que desdén e ironías
sin cualquier tipo de perdón

Pero yo insisto en oír el sonido
que puede venir del precipicio.

PARA TI, SENHOR DE MIL NOMES (KRISHNA)
Eliane Pantoja Vaidya

Tua vontade é mar em que me afogo
Dependem dela todos os segundos
de meus dias
as frutas do pomar
e o caminho das estrelas que me guiam.

Possa meu silêncio cantar doçuras
Tecer bordados para um altar de pedras
Onde a música maior
É o passar dos ventos

Ah! Cometa fulgurante
Que cegas corações e mentes
E as deixa andando trôpegas
À tua procura.

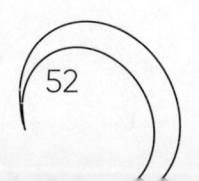

PARA TI, SEÑOR DE MIL NOMBRES (KRISHNA)

Tu deseo es mar en que me ahogo
Dependen de él todos los segundos
de mis días
las frutas del huerto
y el camino de las estrellas que me guían.

Pueda mi silencio cantar dulzuras
Tejer bordados para un altar de piedras
Donde la música mayor
Es el pasar de los vientos

¡Ah! Cometa fulgurante
Que ciegas corazones y mentes
Y las dejas andando temblorosas
En tu busca.

LIMIAR
Andro Averatz

Depois do enredo e dos blefes, após tanto ensejo,
Depois de haver o havido, depois do mau fado,
Divaga incerta visagem de só um desejo
Ainda aferrado e bem vivo, mas já encomendado.

Sonâmbulos e ocos abraços parecem reais;
Da pele, do hálito fresco, do vil sal amigo
a firme substância já não se revela, não mais:
Os dias que restam insistem em só ser desabrigo.

Porém desfalseando seu próprio e fatal desengano,
a alma sozinha se agita voraz, se refunda,
descobre-se enfim em um vasto e infinito oceano

em que renascido, o tenaz moribundo fecunda
com ânsia e fervor o destino, da vida o arcano,
E uma outra vez a vontade floresce e abunda.

UMBRAL

Después del enredo y de las farsas, después de tanta ansia,
Después de haberlo habido, después de la mala suerte,
Divaga incierta visión de un solo deseo
Aún aferrado y bien vivo, pero ya encomendado.

Sonámbulos y huecos abrazos parecen reales;
De la piel, del hálito fresco, de la vil sal amiga
la firme sustancia ya no se revela, no más:
Los días que sobran insisten en ser sólo de desamparo.

Aunque deshaciendo su propio y fatal desengaño,
el alma sola se agita voraz, se refunda,
se descubre en fin en un vasto e infinito océano

en que renacido, el tenaz moribundo fecunda
con ansia y fervor el destino, de la vida el arcano,
Y otra vez el deseo florece y abunda.

CARTAS
Angela Vianna Miranda

Cartas constroem conexões
Criam contextos, cumprem ciclos,
Circulam, comunicam, cruzam caminhos,
Costuram corações...

Cartas confidenciam, cultuam, conspiram
Cartas, combustão celestial, conectada constelação
Caminho certo, cúmplices, companheiras
Cada carta carrega consigo corações contidos,
Comedidos, colaborativos
Carta clareira, culpada, carismática comunhão

Cartas criam cenas,
Constroem ciclos, calam-se
Cuidado!
Cartas céleres, competentes,
Circulam, convincentes
Centelham conflitos cinicamente coerentes

Cartas consoladoras, confusas, convincentes
Cartas contam — comigo, contigo
Cartas cumprem ciclos cintilantes,
Como cascatas caindo
Cartas...
Correspondências controversas, cativantes!

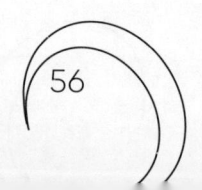

CARTAS

Cartas construyen conexiones
Crean contextos, cumplen ciclos,
Circulan, comunican, cruzan caminos,
Cosen corazones...

Cartas hacen confidencias, rinden culto, conspiran
Cartas, combustión celestial, conectada constelación
Camino cierto, cómplices, compañeras
Cada carta trae consigo corazones contenidos,
Comedidos, colaborativos
Carta espacio en claro, culpable, carismática comunión

Cartas crean escenas,
Construyen ciclos, se callan
¡Cuidado!
Cartas veloces, competentes,
Circulan, convincentes
Centellean conflictos cínicamente coherentes

Cartas consoladoras, confusas, convincentes
Cartas cuentan — conmigo, contigo
Cartas cumplen ciclos centelleantes,
Como cascadas cayendo
Cartas...
Correspondencias dudosas, ¡cautivantes!

TEU ABRAÇO
Ani Zorieuq

Quando você me abraça
Tudo passa, tudo passa...
Mesmo essa vida sem graça
Quando você me abraça

O doce do teu abraço
O entrelaço de tuas mãos
Quentes, carinhosas... me agrada
Quando você me abraça

Se triste estou
Logo me traz alegria
Quando você me abraça
Logo, logo contagia

Quando você me abraça
Sinto tudo derreter
Tudo se enche de graça
Ah, meu amor! Só você

A Falta que sinto é grande
Desse abraço que é só meu
Sem a sua existência
Penso que alguém se perdeu

E quando não mais existir
Vai somente ser em sonho
E no sonho tudo passa
Quando você me abraça.

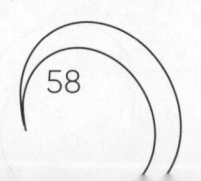

TU ABRAZO

Cuando tú me abrazas
Todo pasa, todo pasa...
Aun esta vida sin gracia
Cuando tú me abrazas

Lo dulce de tu abrazo
El entrelazar de tus manos
Calientes, cariñosas... me agrada
Cuando tú me abrazas

Si triste estoy
Luego me traes alegría
Cuando tú me abrazas
En seguida me contagias

Cuando tú me abrazas
Siento que todo se derrite
Todo se llena de gracia
¡Ah, mi amor! Sólo tú

La Falta que siento es grande
De ese abrazo que es sólo mío
Sin tu existencia
Pienso que alguien se ha perdido

Y cuando ya no existas
Solamente será en sueño
Y en el sueño todo pasa
Cuando tú me abrazas.

EXPLOSÃO
Anildes Ribeiro

Nas linhas eu me sinto
Absinto!
Nas entrelinhas de um eu
que em verso entrega-se
a realidades que me completam

Multiversos!
Me invadem e conectam ao que desconheço
E por isso me encantam

A palavra é meu mundo
E nele eu me refaço.
Transpasso!
Na expansão de meu olhar.

Imersão!
Supera os limites do limitado.

Estrado!
Onde me aconchego e me encontro na existência.

Sou eu,
Sou o mundo.
Este é meu universo.

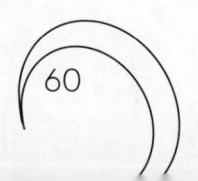

EXPLOSIÓN

En las líneas yo me siento
¡Absintio!
En las entrelíneas de un yo
que en verso se entrega
a realidades que me completan

¡Multiversos!
Me invaden y conectan a lo que desconozco
Y por eso me encantan

La palabra es mi mundo
Y en ella yo me rehago.
¡Traspaso!
En la expansión de mi mirada.

¡Inmersión!
Supera los límites de lo limitado.

¡Estrado!
Donde me acomodo y me encuentro en la existencia.

Soy yo,
Soy el mundo.
Este es mi universo.

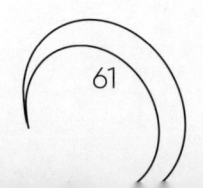

UM CORPO, SOMENTE UM CORPO
Ari Santana

Pareço estar sozinho,
Em meio à multidão.
Muita gente caminhando,
Às vezes na solidão.

Se falar não adianta,
Cada um em seu caminho.
Ninguém enxerga ninguém,
Nem mesmo o seu vizinho.

Parece ser um deserto,
Tanta gente no vazio.
Um corpo, somente um corpo;
Com roupa e passando frio.

Para perto ou distante,
Uma mente a vagar.
Sem foco se distancia,
Sem rumo em seu andar.

Se perde também a voz,
Vai sumindo a visão.
Pessoas perdem o brilho,
Às vezes sem direção.

Tanta coisa, tanta gente;
Reflete algo maior.
Um corpo, somente um corpo,
Mesmo com tudo ao redor.

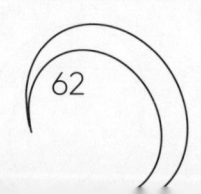

UN CUERPO, SOLAMENTE UN CUERPO

Parezco estar solo,
En medio a la multitud.
Mucha gente caminando,
A veces en la soledad.

Si hablar no cambia nada,
Cada cual en su camino.
Nadie ve a nadie,
Ni siquiera a su vecino.

Parece ser un desierto,
Tanta gente en el vacío.
Un cuerpo, solamente un cuerpo;
Con ropa y pasando frío.

Cerca o distante,
Una mente vagando.
Sin foco a distancia,
Sin rumbo en su andar.

Se pierde también la voz,
Va desapareciendo la visión.
Personas pierden el brillo,
A veces sin dirección.

Tanta cosa, tanta gente;
Refleja algo mayor.
Un cuerpo, solamente un cuerpo,
Aun con todo a su alrededor.

O CAOS DE SER

Ariadlis Pacheco Garcia

Dizem que a vida é boa sendo quem se é.
Por que, então, te apavoras com os riscos do viver?
É por medo de reconhecer, de fato, quem tu és?
Diga-me: é fácil silenciar a "loucura" de ser quem és?
Ou é muito "louco" dar voz à "loucura de ser"?
O tempo não é um mero passar de horas...
De minutos e segundos...
Vagarás pela vida repleto(a) de arrependimentos?
Cheio(a) de saudades daquilo que não viveu?
É, por isso, que prefiro a singularidade do "Eu".
Gosto dos diferentes.
Daqueles despidos das vaidades.
Pois eles fazem-se, desfazem-se e refazem-se.
Tal como o céu, que nunca é, apenas está.
Talvez eles sejam os "subversivos" da vida.
Aqueles que apostam em viver de verdade.
Bom, se os forem, juntar-me-ei a eles.

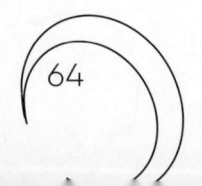

EL CAOS DE SER

Dicen que la vida es buena siendo quien se es.
¿Por qué, entonces, te aterrorizas con los riesgos del vivir?
¿Es por miedo de reconocer, de hecho, quién eres?
Dime: ¿es fácil silenciar la "locura" de ser quien eres?
¿O es muy "loco" dar voz a la "locura de ser"?
El tiempo no es un mero pasar de horas...
De minutos y segundos...
¿Vagarás por la vida repleto(a) de arrepentimientos?
¿Lleno(a) de añoranzas de aquello que no has vivido?
Es, por eso, que prefiero la singularidad del "Yo".
A mí me gustan los diferentes.
De aquellos despojados de vanidades.
Pues ellos se hacen, se deshacen y se rehacen.
Tal como el cielo, que nunca es, sólo está.
Tal vez sean los "subversivos" de la vida.
Aquellos que apuestan en vivir de verdad.
Bueno, si lo fueran, me juntaré a ellos.

VIDA

Arthur Blade

Sou todo navio em noite escura com bússolas que já não me importam mais!
Sou alma à deriva por vontade própria!
Alma em porto seguro que se recusa a descer ao cais!

Só assim consigo porvir, persistir, permanecer.
Luto que em mim vive, comigo vivo, com quem luto!

Eu me excluo e assim vivo.
Eu me recuo e assim permaneço.
Eu me anulo e assim luto.

Não estou inerte,
sou tempestade dentro de mim,
sou arena de chão de terra e sangue.

Sou vontade, verdade e vida contra mim mesmo!

E não será em vão, e não será triste, e não será vazio!

Pois se tudo que sou, que vivo, que morro, que enluto...
é verdadeiro...
terminar será doce, será agradável, será... Vida!

Vida com sorriso nos lábios.
Vida agradecida e reverenciada.
Vida valida a pena e exercida.

Simplesmente... Vida!

VIDA

¡Soy todo barco en noche oscura con brújulas que ya no me importan más!
¡Soy alma a la deriva por propia voluntad!
¡Alma en puerto seguro que se niega a bajar al embarcadero!

Sólo así consigo porvenir, persistir, permanecer.
¡Duelo que en mí vive, conmigo vivo, con quien lucho!

Me excluyo y así vivo.
    Retrocedo y así lucho.
        Me anulo y así lucho.

No estoy inerte,
    soy tempestad dentro de mí,
        soy arena de piso de tierra y sangre.

¡Soy deseo, verdad y vida contra mí mismo!

¡Y no será en vano, y no será triste, y no será vacío!

Pues si todo lo que soy, que vivo, que muero, que lamento...
    es verdadero...
        terminar será dulce, será agradable, será... ¡Vida!

Vida con sonrisa en los labios.
Vida agradecida y reverenciada.
Vida que valió la pena y ejercida.

Simplemente... ¡Vida!

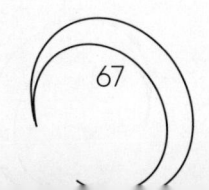

ROTAÇÃO DA TERRA
Astrid Damasco

Na aurora terrestre
O Sol nasce na madrugada
No crepúsculo matutino, seus raios incidem inclinados na atmosfera.
Nesta alvorada, os raios inclinados podem colorir o céu azul de amarelo, laranja, vermelho, rosa e roxo
Encantando o horizonte
Após o nascer do Sol, com a contínua rotação da Terra, o dia progride iluminado.
Neste ponto, as cores que surgiram da inclinação de seus raios desaparecem.
Ao meio-dia, o Sol alcança o ponto mais alto no céu, Zênite
O céu é todo azul
Na continuidade do dia...
O Sol inicia lentamente o declínio, entardecer
Seus raios começam a incidir inclinados sobre a Terra
Pouco a pouco a luz solar vai reduzindo e o ocaso surgindo
Com a máxima inclinação dos raios solares sobre a Terra, chega ao poente
O céu azul novamente vai se colorindo de amarelo, laranja, vermelho, rosa e roxo
Após o pôr do sol, cai a noite.

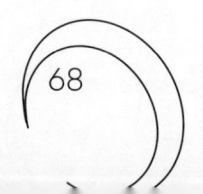

ROTACIÓN DE LA TIERRA

En la aurora terrestre
El Sol nace en la madrugada
En el crespúsculo, sus rayos inciden inclinados en la atmósfera.
En este amanecer, los rayos inclinados pueden colorear el cielo azul de amarillo, naranja, rojo, rosa y morado
Encantando el horizonte
Después que nace el Sol, con la continua rotación de la Tierra, el día progresa iluminado.
En este punto, los colores que surgieron de la inclinación de sus rayos han desaparecido.
Al mediodía, el Sol alcanza el punto más alto del cielo, Cénit
El cielo es todo azul
En la continuidad del día...
El sol inicia lentamente el declive, atardecer
Sus rayos empiezan a incidir inclinados sobre la Tierra
Poco a poco la luz solar se va reduciendo y el ocaso va surgiendo
Con la máxima inclinación de los rayos solares sobre la Tierra, llega al poniente
El cielo azul nuevamente se va coloreando de amarillo, naranja, rojo, rosa y morado
Después de la puesta del sol, cae la noche.

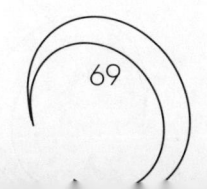

EXPANDINDO
Audrey

Somos universos inteiros
Entrando em contato
Com outros universos inteiros
Dentro de um universo infinito.
Não é espanto que cause medo
Descobrir que estamos mergulhados
No desconhecido.

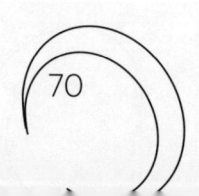

EXPANDIENDO

Somos universos enteros
Entrando en contacto
Con otros universos enteros
Dentro de un universo infinito.
No espanta que cause miedo
Descubrir que estamos inmersos
En lo desconocido.

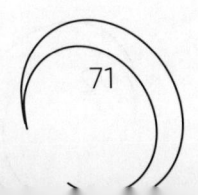

UMA CARTA AOS VIVOS
Audrey

Sua existência não nego
Minha existência renego
Toda dor e displicência
Meu ego em vão há sofrido
Busco a paz, o conforto
E a harmonia preestabelecidos
Me contento com o Ser
Estar, expressar
E conscientemente, respirar
Dos meus pensamentos não fujo
Os contemplo
São realmente meus? Me pergunto
Questiono, duvido,
Reflito
Mas me permito
Sentir, amar, experienciar
A vida

UNA CARTA A LOS VIVOS

Su existencia no niego
Mi existencia reniego
Todo dolor y displicencia
Mi ego en vano ha sufrido
Busco la paz, la comodidad
Y la armonía preestablecidas
Me contento con el Ser
Estar, expresar,
Y conscientemente, respirar
De mis pensamientos no huyo
Los contemplo
¿Son realmente míos? Me pregunto
Cuestiono, dudo,
Reflexiono
Mas me permito
Sentir, amar, experimentar
La vida

FAZER, DE PEQUENOS RETALHOS, GRANDES HISTÓRIAS

Ana Beatriz Rezende Prado

As histórias correm pelas minhas veias
Memórias que se cruzam e formam teias

O passado se junta ao presente
Formando, da vida, um sopro eloquente

O coração palpita quente
Busca, pulsa, pede ajuda
Porque não quer deixar nenhum ponto ausente

Os pontos formam uma linha
E essa linha forma uma costura
E essa costura constrói a aventura
Da vida, uma eterna busca

Fazemos de pequenos retalhos grandes histórias
Porque, desde o primeiro passo, até o último abraço
A gente deixa migalha de saudade na memória

E a gente chora
O coração retalhado rasga
As memórias nos engasgam
E a história continua ganhando forma

E essa é a vida
Uma grande retalhada bagunçada
Embaraçosa, confusa, e com alguns rasgos
E é assim que fazemos, de pequenos retalhos, grandes histórias

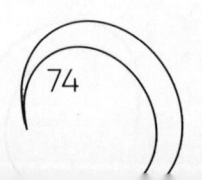

HACER, DE PEQUEÑOS RETAZOS, GRANDES HISTORIAS

Las historias corren por mis venas
Memorias que se cruzan y forman tramas

El pasado se junta al presente
Formando, de la vida, un soplo elocuente

El corazón palpita caliente
Busca, pulsa, pide ayuda
Porque no quiere dejar ningún punto ausente

Los puntos forman una línea
Y esa línea forma una costura
Y esa costura construye la aventura
De la vida, una eterna búsqueda

Hacemos de pequeños retazos grandes historias
Porque, desde el primer paso, hasta el último abrazo
Dejamos migajas de nostalgia en la memoria

Y lloramos
El corazón despedazado se rasga
Las memorias nos ahogan
Y la historia continúa ganando forma

Y esa es la vida
Grandes retazos en desorden
Embarazosa, confusa, y con algunas rasgaduras
Y es así como hacemos, de pequeños retazos, grandes historias

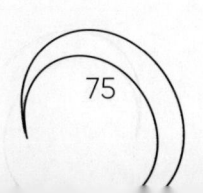

VAGO ESPAÇO

Bebeto (*in memorian*)

Vago espaço...
Aquele ausente de paixão
Largo vácuo quem morre de paixão.

Faltar amores.
Sobrar amores.
Somos nós videntes das loucuras dessa

Lembrar de ti faz-me feliz.
Chorar por ti dá-me loucura.
Sinto-me bem longe de ti.
E sinto desespero de tua ausência.

Sonhar contigo me sinto louco.
Viver contigo me sinto pouco.
Por não poder te dar
todo o amor que tenho.

E aí como ficamos nós

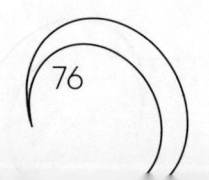

ESPACIO VACÍO

Espacio vacío...
Aquel ausente de pasión
Ancho vacío quien muere de pasión.

Faltar amores.
Sobrar amores.
Somos videntes de locuras como esa

Recordarte me hace feliz.
Llorar por ti me da locura.
Me siento bien lejos de ti.
Y me desespero con tu ausencia.

Soñar contigo me siento loco.
Vivir contigo me siento poco.
Por no poder darte
todo el amor que tengo.

Y entonces en qué quedamos

ELE ABRAÇOU A ESCURIDÃO
Bruna A. Silva Lima

Quem vê ele andando na rua
Com um olhar misterioso no rosto
Um sorriso se formando
No canto da boca
Nem imagina o caos
Que anda em sua mente
A dor que insiste
Em bater no teu coração
Fraco e ferido
Ele já desistiu
Agora ele anda
De mãos dadas com a escuridão
Sobrevivendo
E suportando a vida
Esperando o pior acontecer...

ÉL ABRAZÓ LA OSCURIDAD

Quien lo vea andando por la calle
Con una mirada misteriosa en el rostro
Esbozando una sonrisa
En la comisura de los labios
No imagina el caos
Que hay en su mente
El dolor que insiste
En golpear su corazón
Débil y herido
Él ya desistió
Ahora anda
De manos dadas con la oscuridad
Sobreviviendo
Y soportando la vida
Esperando que ocurra lo peor...

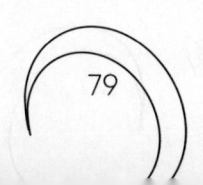

O PASSADO FOI, O PRESENTE ESTÁ E O FUTURO SERÁ

C.P. Santos

Na teia do tempo, o passado reside
Onde só as lembranças conseguem alcançar.
No hoje, um tesouro precioso se ergue
Para emoldurar um passado de alegria a guardar.

Não permitas que a ansiedade do amanhã
Roube a plenitude deste instante fugaz.
O que é, já é; o que foi, passou, e o que será, virá
O porvir aguarda, não torne o presente atroz.

O futuro se avizinha em passos largos,
Carregado de memórias do tempo ido.
Assim, o hoje não é só presente,
É o passado do futuro, já vivido.

EL PASADO FUE, EL PRESENTE ESTÁ Y EL FUTURO SERÁ

En la maraña del tiempo, el pasado reside
Donde sólo los recuerdos consiguen alcanzar.
Hoy, un tesoro precioso se erige
Para enmarcar un pasado de alegría que guardar.

No permitas que la ansiedad del mañana
Robe la plenitud de este instante fugaz.
Lo que es, ya es; lo que fue, pasó, y lo que será, vendrá
El porvenir aguarda, no hagas del presente algo atroz.

El futuro se avecina a pasos largos,
Cargado de memorias del tiempo ido.
Así, el hoy no es sólo presente,
Es el pasado del futuro, ya vivido.

MORREMOS?

C. Veras

Tão bela era tua forma interior
enigmática e obscura,
como as estrelas penduradas em um céu
que as trevas tentam engolir.
E as tuas cores, as tuas águas, os teus verdes
olhos como selva
fitaram aquele corpo de açúcar,
que sem perceber-se ia por se desmanchar
em minha boca.
Tão estranha era a tua forma interior
Indecifrável e incompreensível...
Que eles te espiaram, te rasgaram, te queimaram
te entregaram a julgamento e te culparam.
Tuas cores, tuas águas e teus olhos
baços e cinzentos
pediram socorro uma última vez.

(29/04/18)

¿MORIMOS?

Tan bella era tu forma interior
enigmática y obscura,
como las estrellas colgadas en un cielo
que las tinieblas intentan devorar.
Y tus colores, tus aguas, tus verdes
ojos como selva
miraron aquel cuerpo de azúcar,
que sin percibirse estaba por deshacerse
en mi boca.
Tan extraña era tu forma interior
Indescifrable e incomprensible...
Que te espiaron, te rasgaron, te quemaron
te juzgaron y te culparon.
Tus colores, tus aguas y tus ojos
opacos y cenicientos
pidieron socorro una última vez.

(29/04/18)

PRECE
Cristina de Oliveira Leopoldino

Luz que ilumina os caminhos;
Constrói os destinos;
A paz venha nos fornecer.
Traga o dom da vitória;
Pois a sua glória;
É que nos faz viver.
Unge-nos com tua força;
Mesmo com a fé pouca;
Sei que em ti posso crer.
És um só Deus, um só Pai,
Que a nossa alma faz,
Aos poucos engrandecer.
Por isso eu rogo a ti, Senhor;
És nossa força o libertador.
Salva-nos dos precipícios,
Dando-nos os seus princípios.
Oh! Força Onipotente;
Que faz cada dia um presente.
És chama que aquece o peito;
Que a nosso mundo dá jeito.
Firme e forte conduz o teu rebanho, Jesus

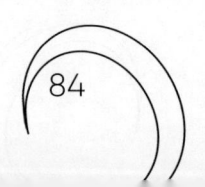

ORACIÓN

Luz que ilumina los caminos;
Construye los destinos;
Ofrécenos la paz.
Trae el don de la victoria;
Pues tu gloria,
Nos hace vivir.
Conságranos con tu fuerza,
Aun con poca fe;
Sé que en ti puedo creer.
Eres un sólo Dios, un sólo Padre,
Que a nuestra alma hace,
Poco a poco engrandecer.
Por eso te ruego, Señor;
Eres nuestra fuerza el libertador.
Sálvanos de los precipicios,
Dándonos tus principios.
¡Oh! Fuerza Omnipotente;
Que convierte cada día en un regalo.
Eres llama que calienta el pecho;
Que a nuestro mundo da forma.
Firme y fuerte conduce tu rebaño, Jesús

VESTÍGIO
Caio Lebal Peixoto

Capturei e guardei essência sua de um momento
Pedaço seu, de um ponto na sua graciosa existência

Guardei ela dentro de mim
Pedaço intransferível, restrito e íntimo
Seu aroma contido em redoma

Véu com seu contorno, moldura do seu entorno
Aura de toque morno, encostar rápido igual sopro
Tirar e deixar fumaça de fogo, posso ver rastro efêmero
Levitar, decantar feito colostro
Tira-me a seriedade de moço, troca por juventude de garoto

A pista da sua presença se manterá presente
Mesmo após o diminuir e distanciar do volume
Dos seus passos
Enfraquecer gradual da sua voz, até ela evoluir
Para um completo estado de não-existência
Quando sua memória estiver tão despedaçada
A ponto de não se lembrar dela

Quando estiver com saudades de você, basta voltar a você
Quando eu estiver com saudades de quem você era e significou
Para mim, basta recorrer a este vestígio e reviver
Pedaço vivo de recordação

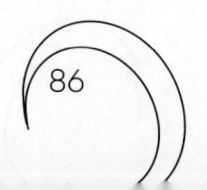

VESTIGIO

Capturé y guardé tu esencia de un momento
Pedazo tuyo de un punto en tu graciosa existencia

La guardé dentro de mí
Pedazo intransferible, restricto e íntimo
Tu aroma contenido en redoma

Velo con tu contorno, marco de tu entorno
Halo de toque tibio, rozar rápido igual soplo
Sacar y dejar humo de fuego, puedo ver rastro efímero
Levitar, decantar hecho calostro
Quítame la seriedad de joven, cámbiala por juventud de niño

La huella de tu presencia se mantendrá presente
Aun después del disminuir y distanciar del volumen
De tus pasos
Apagar gradual de tu voz, hasta progresar
Hacia un completo estado de no existencia
Cuando tu memoria esté tan despedazada
A punto de no recordarla

Cuando sienta nostalgia de ti, basta volver a ti
Cuando sienta nostalgia de quién eras y has significado
Para mí, basta recurrir a este vestigio y revivir
Pedazo vivo de recuerdo

QUEM SABE
Carlos Affei

Não sei se ele sabia
mas eu sim
que era o momento
o derradeiro
de trocarmos afagos.
Ah
essa melancolia de quem sabe
que não há retorno
de quem se vê compelido
a seguir em frente!

QUIÉN SABE

No sé si él sabía
pero yo sí
que era el momento
el último
de darnos cariño.
¡Ah
esa melancolía de quien sabe
que no hay retorno
de quien se ve compelido
a seguir adelante!

A PELE DO ABISMO

Carlos Gildemar Pontes

Ando sobre a pele de um abismo
como quem anda numa fina camada de gelo de um rio
vejo o perigo debaixo dos meus pés
Um cão raivoso ladra na margem direita
Um hipopótamo me espreita na margem esquerda
Atrás de mim, um dromedário rumina
Na minha frente, a esperança
me faz arriscar atravessar o medo
e tirar a cortina de pedra dos meus olhos.

LA PIEL DEL ABISMO

Ando sobre la piel de un abismo
como quien anda en una fina capa de hielo de un río
veo el peligro debajo de mis pies
Un perro rabioso ladra en la orilla derecha
Un hipopótamo me acecha en la orilla izquierda
Detrás de mí, un dromedario rumia
Frente a mí la esperanza
me hace arriesgar atravesar el miedo
y sacar la cortina de piedra de mis ojos.

SAGAZ
Caroline de Carvalho

Aquela pérola escapou de suas mãos.
Ao seu lado, pelo menos sete pessoas tentaram agarrá-la, mas o pequeno objeto desviava das digitais de todos aqueles seres, como se tivesse vida própria.
Na casa de aconselhamento, lhe disseram para esperar um pouco; se a pérola escapou com tanta vida, é capaz que voltasse tão rapidamente quanto.
Daquele dia, passou a preparar-se a cada manhã para sua volta.
Religiosamente, talco nos dedos, sapatos antiderrapantes e treinos de agilidade, mas passaram-se dias e nada aconteceu.
A pérola tinha partido de vez. As mãos cheias de talco não seguravam nada que passasse sem deixar marcas digitais sujas, e as pernas cansadas não aguentavam mais esforços.
Havia o capim-limão das árvores noturnas e noites de ventania, quando enfim ergueu as mãos ao céu e o vento passou.
Catou uma flor da árvore e a segurou ao peito. A pérola não voltou, mas fincou-se em sua cabeça.
Ainda bem que havia o capim-limão.

SAGAZ

Aquella perla escapó de sus manos.
A su lado, por lo menos siete personas intentaron cogerla, pero el pequeño objeto se desviaba de los dedos de todos aquellos seres como si tuviese vida propia.
En la casa de orientación, le dijeron que esperara un poco; si la perla escapó con tanta vida, es posible que vuelva tan pronto como.
Desde aquel día, comenzó prepararse cada mañana para su regreso.
Religiosamente, talco en los dedos, zapatos antideslizantes y entrenamientos de agilidad, mas pasaron los días y nada sucedió.
La perla había partido definitivamente. Las manos llenas de talco no sostenían nada que pasase sin dejar marcas digitales sucias, y las piernas cansadas no soportaban más esfuerzos.
Había capín-limón de los árboles nocturnos y noches de ventisca, cuando por fin irguió las manos al cielo y el viento pasó.
Cogió una flor del árbol y la sujetó en el pecho. La perla no volvió, pero se afincó en su cabeza.
Menos mal que había capín-limón.

VERA, VERÁS
Cecilia Torres

Um corpo no rio
Outro que jaz
Na mata no quintal
Corpo de dentro
No cio
Corpo de fora
Alvejada
Esfaqueada
Esquartejada
Morta a sonhadora
Seu ventre de Vera, verás
Verás seu amor um algoz
E todas nós sendo nós todas
Incapazes de fazer parar
Seu próprio marido um inimigo
O feminicídio
Do ventre de Vera nasce uma paz
que precisa recuperar a Terra
Somente a Vera será capaz
O corpo de Vera, verás

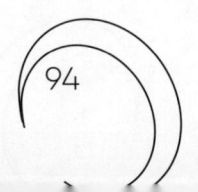

VERA, VERÁS

Un cuerpo en el río
Otro que yace
En las matas del patio
Cuerpo de adentro
En celo
Cuerpo de afuera
Acribillada
Acuchillada
Descuartizada
Muerta la soñadora
Su vientre de Vera, verás
Verás su amor un verdugo
Y todas nosotras siendo nosotras todas
Incapaces de detener
Su propio marido un enemigo
El feminicidio
Del vientre de Vera nace una paz
que necesita recuperar la Tierra
Solamente Vera será capaz
El cuerpo de Vera, verás

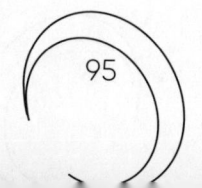

ROMANCE
Charlotte Dominick

E eu amei você!
Com a força do vento.
Com a doçura do mel,
Sem medo do tormento
De ficar fora do céu.

Eu amei seus defeitos,
E suas qualidades
Idolatrei seus trejeitos.
Encampei suas verdades.

Mas todo esse amor
Não tinha de ser
Faltava o sabor
Do seu querer.

E eu amei a história,
O romance que não existiu.
Com toda a dor e a glória
De quem não desistiu.

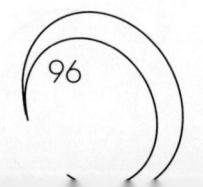

ROMANCE

¡Yo te amé!
Con la fuerza del viento.
Con la dulzura de la miel,
Sin miedo del tormento
De quedar fuera del cielo.

Amé tus defectos,
Y tus cualidades
Idolatré tus ademanes.
Acepté tus verdades.

Pero todo ese amor
No tenía que ser
Faltaba el sabor
De tu querer.

Y yo amé la historia,
El romance que no existió.
Con todo el dolor y la gloria
De quien no desistió.

SENTIR-TE

Chayah Zayt

No outono, as folhas caíram e me levaram até você.
Olhares, sorrisos, sabores, suspiros...
Fluiu... uniu... conectou...
Arrepios que percorrem cada parte do meu corpo, trêmulo, quando o teu olhar cruzou com o meu.
Sua pele suave, quente e firme me transporta ao infinito.
Paz, sim, paz
Como uma mistura física, um misto de fusão e ebulição, compõem o meu desejo por ti.
Arde como fogo e ao mesmo tempo jorra como uma cachoeira com água cristalina, lavando o Ser.
Vem comigo, vamos imergir nesta conexão que inexplicavelmente surgiu.
Sentir-te em mim é o maior desejo.

SENTIRTE

En el otoño, las hojas cayeron y me llevaron hasta ti.
Miradas, sonrisas, sabores, suspiros...
Fluyó... unió... conectó...
Escalofríos que recorren cada parte de mi cuerpo, tembloroso, cuando tu mirada se infundió en la mía.
Tu piel suave, caliente y firme me transporta al infinito.
Paz, sí, paz
Como una mezcla física, un amasijo de fusión y ebullición, componen mi deseo por ti.
Arde como fuego y al mismo tiempo emana como una cascada con agua cristalina, lavando el Ser.
Ven conmigo, vamos a sumergirnos en esta conexión que inexplicablemente ha surgido.
Sentirte en mí es el mayor deseo.

ENTRE PALAVRAS TE REVELO
Chayah Zayt

Você diz: sou pedra
Eu lhe digo: usarei como base para repousar o meu corpo, olhar no horizonte e sentir-me segura, sob você.

Você diz: sou água
Eu lhe digo: me banharei em ti, refrescando o meu corpo e renovando as energias.

Você diz: sou vento
Eu lhe digo: seja a brisa leve como um sussurro em meus ouvidos dizendo suaves palavras de amor.

Você diz: sou nada
Eu lhe digo: criarei a partir do nada a chama que aquecerá o meu ser.

ENTRE PALABRAS TE REVELO

Tú dices: soy piedra
Yo te digo: la usaré como base para reposar mi cuerpo, mirar el horizonte y sentirme segura, debajo de ti.

Tú dices: soy agua
Yo te digo: me bañaré en ti, refrescando mi cuerpo y renovando las energías.

Tú dices: soy viento
Yo te digo: que sea la brisa leve como un susurro en mis oídos diciendo suaves palabras de amor.

Tú dices: nada soy
Yo te digo: crearé a partir de nada la llama que calentará mi ser.

MEU POEMA É POESIA EM EBULIÇÃO
Chico Duarte

Meu poema é feito de sol
Que queima o corpo e a alma
Invadindo tuas entranhas
Te devorando por inteiro
E lentamente te envolve
Na calada da noite
Se faz verso
No universo do teu corpo.
Meu poema é feito de ventania
Assanhando os cabelos da terra
Me envolvendo de corpo inteiro
Germina que nem semente
Que no adubo engravida
Brotando os sentimentos
No momento da partida
No aconchego do ventre.
Meu poema é feito de chuva
Que molha a crosta da terra
Lavando a alma do tempo
Que se alimenta do barro
É escárnio, é mal presságio
É vulcão em erupção
É puro pressentimento
É poesia em ebulição.

MI POEMA ES POESÍA EN EBULLICIÓN

Mi poema está hecho de sol
Que quema el cuerpo y el alma
Invadiendo tus entrañas
Devorándote por entero
Y lentamente te envuelve
En el silencio de la noche
Se hace verso
En el universo de tu cuerpo.
Mi poema está hecho de vendaval
Enmarañando los cabellos de la tierra
Envolviéndome de cuerpo entero
Germina como semilla
Que en el humus queda encinta
Brotando los sentimientos
En el momento de la partida
En el abrigo del vientre.
Mi poema está hecho de lluvia
Que moja la corteza de la tierra
Lavando el alma del tiempo
Que se alimenta del barro
Es escarnio, es mal presagio
Es volcán en erupción
Es puro presentimiento
Es poesía en ebullición.

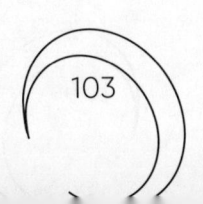

PÉ DE POEMA
Chico Duarte

Plantei um pé de poema
Na face oculta da lua
Reguei com os meus dilemas
E notas de partitura
Adubei com belas palavras
E versos da própria lavra
De rima e métrica pura.
Nasceu um pé de poema
Repleto de versos e prosa
E uma flor ainda pequena
Com um formato de rosa
Quando desabrochou
Em cada pétala da flor
Tinha um poema de Cora.
Nos outros galhos brotaram
Uma obra de Neruda
Alguns versos de Caetano
De Vinícius e Cazuza
Brotou um belo botão
Em formato de violão
Da canção que se desnuda.

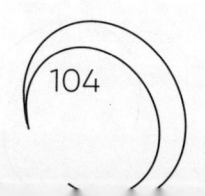

PLANTA DE POEMA

Sembré una planta de poema
En la cara oculta de la luna
La regué con mis dilemas
Y notas de partitura
La aboné con bellas palabras
Y versos de propia cosecha
De rima y métrica pura.
Nació una planta de poema
Repleta de versos y prosa
Y una flor aún pequeña
Con un formato de rosa
Cuando se abrió
En cada pétalo de flor
Había un poema de Cora.
En las otras ramas brotaron
Una obra de Neruda
Algunos versos de Caetano
De Vinicius y Cazuza
Brotó un bello botón
En formato de guitarra
De canción que se desnuda.

NÃO OUÇO MAIS NENHUMA VOZ
Chico Jr.

Não ouço mais nenhuma voz.
Pelo menos hoje não.
A quietude compassa meu coração.
Estou a sós.
Comigo...
Aninhado em meu abrigo.

Da varanda eu escuto o silêncio que teima em ser interrompido.
Quando não é o vento que chacoalha as folhas do coqueiro.
É o canto do bem-te-vi, do sabiá, de um coleiro.
Um sorriso da alma quase dá para ser ouvido.

O ciciar de uma cigarra cutucou no meu ombro.
Ela queria compartilhar comigo o seu amor por uma linda esperança.
É que elas dão as caras por aqui em dezembro.
Eu ficaria assim, por horas a fio... as reverenciando.
Se não fosse pelo beija-flor a despertar-me com sua dança.
A ziguezaguear por entre as flores do boldo e do andu.

Eis que uma brisa sussurra o perfume dos angicos.
Inebriando dois tucanos a duelar, por uma fêmea, com seus bicos.
O pica-pau anão nem ligava para a briga.
Continuava em seu *toc-toc-toc* a se alimentar de formiga.

E assim, no remanso da minha tapera, me entrego assaz.
Ao exercício de não ouvir mais nenhuma voz,
Desfazendo-me em simplicidade até comigo estar a sós.
Vou bebendo dessa fonte em busca de um pouco de paz.

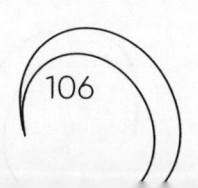

YA NO ESCUCHO NINGUNA VOZ

Ya no escucho ninguna voz.
Por lo menos hoy no.
La quietud acompasa mi corazón.
Estoy a solas.
Conmigo.
Anidado en mi abrigo.

Desde el balcón escucho el silencio que insistía en ser interrumpido.
Cuando no es el viento que sacude las hojas del cocotero.
Es el canto del benteveo, del zorzal, de un pájaro bobo.
Una sonrisa del alma casi puede ser oída.

El chirriar de una cigarra pincha mi hombro.
Ella quería compartir conmigo su amor por una linda esperanza.
Es que ellas dan las caras por aquí en diciembre.
Me quedaría así, por horas y horas... reverenciándolas.
Si no fuera por el colibrí que me despierta con su danza.
Zigzagueando entre las flores del boldo y del andú.

He aquí que una brisa susurra el perfume de las acacias.
Embriagando dos tucanes que se baten en duelo, por una hembra, con sus picos.
El pájaro-carpintero enano, siquiera se importaba con el duelo.
Continuaba en su toc-toc-toc alimentándose de hormigas.

Y así, en el remanso de mi tapera, me entrego asaz.
Al ejercicio de no oír más ninguna voz,
Deshaciéndome en simplicidad hasta conmigo estar solo.
Voy bebiendo de esa fuente en busca de un poco de paz.

SEXTA-FEIRA, 21 DE JUNHO DE 1987

Cibely Hobi

Os pneus da motocicleta continuaram rodando por alguns segundos.
Do estrondo da colisão, seguiu um breve silêncio.
Então começaram os gritos...
Os pedidos de ajuda ecoam nas madrugadas insones.
Por que o socorro demorou uma eternidade?
O gosto de sangue levou semanas a sair da boca.
No inverno, o nevoeiro, continua causando acidentes.
Em crises de pânico, a mulher de agora acessa a menina da motocicleta.
Aterrorizada, caída na sua própria estrada.
Castigo de Deus ou um milagre deturpado.
Não faz diferença.
Apenas a menina sobreviveu ao acidente daquela noite fria.
No entanto, é a única vítima que continua lá, no mesmo lugar.

VIERNES, 21 DE JUNIO DE 1987

Los neumáticos de la motocicleta continuaron rodando por algunos segundos.
Al estruendo de la colisión, siguió un breve silencio.
Entonces comenzaron los gritos...
Los pedidos de ayuda resuenan en las madrugadas insomnes.
¿Por qué el socorro demoró una eternidad?
El gusto de sangre tardó semanas en salir de la boca.
En el invierno, la neblina, continúa causando accidentes.
En crisis de pánico, la mujer de ahora se adentra en la niña de la motocicleta.
Aterrorizada, caída en su propia estrada.
Castigo de Dios o un milagro deturpado.
No cambia nada.
Sólo la niña sobrevivió al accidente de aquella noche fría.
Sin embargo, es la única víctima que continúa allí, en el mismo lugar.

QUANDO FALEI QUE TE AMO
Cíntia Migatta

Quando falei que te amo, disse que te admiro e realmente te vejo
Não se trata de paixão ou de um mero desejo
É a voz interna que não pôde mais ficar contida,
Mas não disse que você é a pessoa mais importante da minha vida!

Quando falei que te amo, jamais te entreguei qualquer parte de mim
Permaneço completa, liberta e esperta
Quero fazer planos juntos, sim, e te ofertar muitos dias risonhos,
Mas não adianta pedir: jamais desistirei dos meus sonhos!

Quando falei que te amo, não assinei qualquer tipo de contrato
Relações, para mim, são construídas no bom trato:
Respeito, reciprocidade, sinceridade. Meu amor se manifesta na liberdade
Em poder ser autêntica, forte ou vulnerável
Não queira me colocar em um molde: minha essência não é deformável!

Quando falei que te amo, te tornei guardião de uma joia chamada confiança
Quero te sentir presente em cada passo dessa nossa dança
Ao te abrir meu mundo quero compreender o seu também
Porém, jamais eu disse que de relacionamento algum seria refém!

Por isso, quando falei que te amo, quis dizer que estou investindo em nossa parceria
Estarei presente na tristeza e na alegria

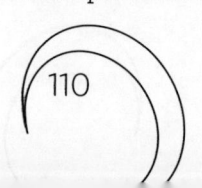

Pra ser menos que isso te digo: esquece!
Meu amor-próprio me basta e me fortalece!

Na minha forma de amar não há espaço para jogos tolos de conquista
Ao ver meus pés pisando no limbo, uma voz me chama
Pois minha alma é cigana e meu coração é artista!
Com a roupa do corpo e sem quaisquer despedidas formais
Saio na calada da noite, na companhia da lua, sem sequer olhar para trás!

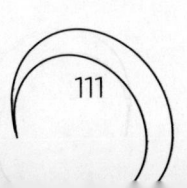

CUANDO DIJE QUE TE AMO

Cuando dije que te amo, dije que te admiro y realmente te veo
No se trata de pasión o de un mero deseo
Es la voz interna que ya no puede contenerse,
¡Pero no dije que tú eres la persona más importante de mi vida!

Cuando dije que te amo, jamás te entregué cualquier parte de mí
Permanezco completa, libre y sagaz
Quiero que hagamos planes juntos, sí, y ofrecerte muchos días risueños,
Pero no basta pedir: ¡jamás desistiré de mis sueños!

Cuando dije que te amo, no firmé ningún contrato
Relaciones, para mí, se construyen de buen trato:
Respeto, reciprocidad, sinceridad. Mi amor se manifiesta en la libertad
En poder ser auténtica, fuerte o vulnerable
No quieras ponerme en un molde: ¡Mi esencia no es deformable!

Cuando dije que te amo, te convertí en guardián de una joya llamada confianza
Quiero sentirte presente en cada paso de nuestra danza
Al abrirte mi mundo quiero comprender el tuyo también
¡Sin embargo, nunca dije que de relación alguna sería rehén!

Por eso, cuando dije que te amo, quise decir que estoy apostando a nuestra unión
Estaré presente en la tristeza y en la alegría

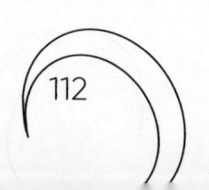

Si es para que sea menos, te digo: ¡Olvídalo!
¡Mi amor propio me basta y me fortalece!

En mi forma de amar no hay espacio para juegos tontos de conquista
Al ver mis pies pisando el limbo, una voz me llama
¡Pues mi alma es gitana y mi corazón es artista!
Con la ropa del cuerpo y sin despedidas formales
¡Me voy en el silencio de la noche, en compañía de la luna, sin siquiera mirar hacia atrás!

DECLARAÇÃO DE AMOR
Cíntia Migatta

Suas confusões não me fazem falta
Sinto pelos bons momentos que vivemos juntos
Foram suficientes para eu me acolher e entender
que permaneci o tempo que precisava para amar ou aprender
Os sinais diziam que já era hora de me retirar
Relutei, me apeguei... e então precisei de você
para poder me libertar
Nesse dia, sequer chorei
Minha alma quis mesmo é dançar!
Já havia esgotado todas as lágrimas
Entrei em estiagem... tudo em mim secou
As flores murcharam,
A espontaneidade e a alegria
simplesmente desanimaram
Era saudade o que eu sentia!
Aquele pânico que me invadia,
a ansiedade que insistia...
eram um pedido de socorro:
Retorno ao que sou realmente
ou então, mesmo viva, morro!

Te disse que apenas somos livres
Quando temos para quem voltar
Nesse meu sorriso, solto assim,
vim declarar: Voltei pra mim!

DECLARACIÓN DE AMOR

Tus confusiones no me hacen falta
Lo siento por los buenos momentos que vivimos juntos
Fueron suficientes para aceptarme y entender
que permanecí el tiempo que necesitaba para amar o aprender
Las señales decían que ya era hora de retirarme
Me opuse, me apegué... y entonces te necesité
para poder liberarme
Ese día, siquiera lloré
¡Lo que mi alma quiso realmente es bailar!
Ya había agotado todas las lágrimas
Entré en estío... todo en mí se secó
Las flores se marchitaron,
La espontaneidad y la alegría
simplemente se desanimaron
¡Era nostalgia lo que yo sentía!
Aquel pánico que me invadía,
la ansiedad que insistía...
eran un pedido de ayuda:
Vuelvo a lo que soy realmente
¡o entonces, aun viva, muero!

Te dije que apenas somos libres
Cuando tenemos a quien volver
Con esta mi sonrisa, así libre,
he venido a declarar: ¡He vuelto a mí!

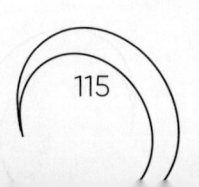

RUA SEM SAÍDA
Cíntia Migatta

Quem é que não se perde em meio a tantos holofotes,
profetas e sacerdotes
propagandas, personagens, demandas
Rotas de fuga de mim mesmo
nessa confusa ciranda por onde caminho a esmo
sempre cercado por fontes intermináveis de distração
Quase naufrago nesse mar poluído de informação!
É tanta velocidade, artificialidade,
diagnósticos de depressão e ansiedade
sintomas da síndrome da normalidade
Não me deformar nestes tão gastos moldes
é autenticidade, amor-próprio, autoaceitação!
O restante é padronização,
autodestruição programada
Percorrer os mesmos passos,
cumprir conhecidas jornadas
Pesadelos de toda madrugada
Quando dormir seria a libertação
da minha alma aprisionada,
negligenciada, diariamente açoitada
A insônia vem me lembrar
De que é preciso sonhar acordada!

E se a forma de viver atual
estiver completamente errada?

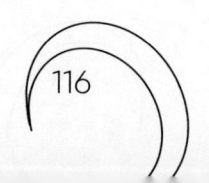

CALLE SIN SALIDA

¿Quién no se pierde en medio de tantas luces,
profetas y sacerdotes
propagandas, personajes, demandas?
Rutas de fuga de mí mismo
en esta confusa rueda por donde camino al azar
siempre cercado por fuentes interminables de distracción
¡Casi naufrago en este mar contaminado de información!
Es tanta velocidad, artificialidad,
diagnósticos de depresión y ansiedad
síntomas del síndrome de la normalidad
No deformarme en estos tan gastados moldes
¡es autenticidad, amor propio, autoaceptación!
Lo demás es estandarización
autodestrucción programada
Recorrer los mismos pasos,
cumplir conocidas jornadas,
Pesadillas de toda madrugada
Cuando dormir sería la liberación
de mi alma aprisionada,
descuidada, diariamente azotada
El insomnio viene a recordarme
¡Que es necesario soñar despierto!

¿Y si la forma de vivir actual
estuviera completamente equivocada?

A CANÇÃO DE SANDRO

Clarissa Machado

Santa Maria, perdoe-me por minha
Sandromania
Sou uma prisioneira de Sandro
Eu também — uma mais — entre milhões.

Violões ao vento
Isso sim me traz esperança
Isso sim me faz sonhar.

Santa Maria, eu não sei viver sem a
Sandromania
Sou uma fã de Sandro
Eu igual — a outras — dezenas de milhares.

Violões ao vento
Meu coração cigano ainda grita
Sandro da América eternamente!

...E todas as noites
É a canção de Sandro
Que toca somente para mim...

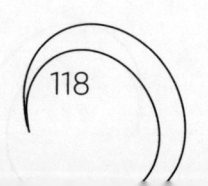

LA CANCIÓN DE SANDRO

Santa María, perdóname por mi
Sandromanía
Soy una prisionera de Sandro
Yo también — una más — entre millones.

Guitarras al viento
Eso sí me esperanza
Eso sí me ilusiona.

Santa María, yo no sé vivir sin la
Sandromanía
Soy una nena de Sandro
Yo igual — que otras — decenas de miles.

Guitarras al viento
Mi corazón gitano todavía grita
Sandro de América ¡por siempre!

...Y todas las noches
Es la canción de Sandro
Que toca sólo para mí...

MAR
Claudia Maria de Almeida Carvalho

Sinto a doçura de banhar-me em tuas águas
O sal toca com suavidade minha pele
Afogo-me no mar de alegrias que me causas
Recebo o abraço de tuas ondas
Minha alma se funde na sensação do teu toque
Naufrago no teu fundo para ressurgir renovada
Retorno à praia com a certeza
De que serei outra depois de ti

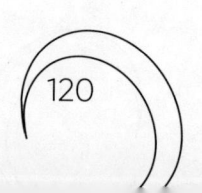

MAR

Siento la dulzura de bañarme en tus aguas
La sal toca con suavidad mi piel
Me ahogo en el mar de alegrías que me causas
Recibo el abrazo de tus olas
Mi alma se funde en la sensación de tu toque
Naufrago en tu profundidad para resurgir renovada
Regreso a la playa con la certeza
De que seré otra después de ti

A MULHER E OS ELEMENTOS
Cláudia Soave

Já te falaram que ela dança poesia?
Que espalha estrelas com as mãos?
Que esconde o vento em seus cabelos?
E navega nas águas com seu véu?

Já te falaram que ela aquece o fogo com seu olhar?
Que deita no chão e faz a terra girar?
Que clareia a noite com suas histórias
E amanhece o dia com o perfume das flores?

Não sabias?!
Pensaste que fosse magia.
Ela sorri palavras doces
E murmura silêncios.

Desliza em águas cristalinas
Corre em campos de sol
Pinta luzes ao vento
Colore a terra com seus pensamentos.
Povoa o mundo com histórias
Relaxa primaveras em essências
Transmuta-se em elementos.
Terra, Fogo, Água e Ar!

LA MUJER Y LOS ELEMENTOS

¿Ya te dijeron que ella baila poesía?
¿Que derrama estrellas con las manos?
¿Que esconde el viento en sus cabellos?
¿Y navega en las aguas con su velo?

¿Ya te dijeron que ella calienta el fuego con su mirada?
¿Que se acuesta en el piso y hace la tierra girar?
¿Que ilumina la noche con sus historias?
¿Y amanece el día con el perfume de las flores?

¡¿No lo sabías?!
Pensaste que era magia.
Ella sonríe palabras dulces
Y murmura silencios.

Desliza por aguas cristalinas
Corre por campos de sol
Pinta luces al viento
Colorea la tierra con sus pensamientos.
Puebla el mundo con historias
Aquieta primaveras en esencias
Se transmuta en elementos.
¡Tierra, Fuego, Agua y Aire!

SILÊNCIO
Cláudia Soave

Tal a espada
Atravessa o peito
O barulho açoita a alma
Tal a chama
Arrepia o oceano
O barulho afoga a esperança
Tal a tempestade
Desabriga o inocente
O barulho desperta o dragão
Tal o tremor
Desassossega a terra
O barulho atormenta o mistério

Doce saudosismo do afago doce da noite calma
Do leve sussurro do vento ao final da tarde
Da poesia enternecida na aurora cristalina
Do simples e afável...
S i l ê n c i o...

SILENCIO

Tal la espada
Atraviesa el pecho
El ruido azota el alma
Tal la llama
Estremece el océano
El ruido ahoga la esperanza
Tal la tempestad
Desampara al inocente
El ruido despierta al dragón
Tal el temblor
Desasosiega la tierra
El ruido atormenta el misterio

Dulce añoranza del cariño dulce en la noche tranquila
Del leve susurro del viento al final de la tarde
De la poesía enternecida en la aurora cristalina
Del simple y afable...
S i l e n c i o...

SEMENTE (SIMIENTE)
Cláudio Almeida

Sem
    ente
        não consciente... Sem... ente... não frequente

Semente

Sem
    ente
        não correspondente... Sem... ente... não prudente

Semente

Sem
    ente
        não confidente... Sem... ente... não consequente

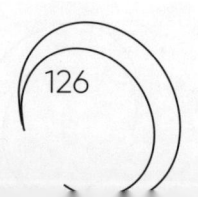

Semente

Sem
    ente
        não finalmente... Sem... ente... não estupidamente

Semente

Sem
    ente
        não postumamente... Sem... ente... não somente

Semente

Sem
    ente
        não semente... Sem... ente... não ente... Semente

SEMILLA (SIMIENTE)

Sin
    ente
        no consciente... Sin... ente... no frecuente

Simiente

Sin
    ente
        no correspondiente... Sin... ente... no prudente

Simiente

Sin
    ente
        no confidente... Sin... ente... no consecuente

Simiente

Sin
    ente
        no finalmente... Sin... ente... no estúpidamente

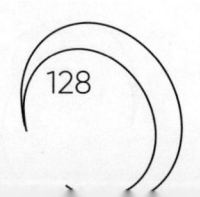

Simiente

Sin
  ente
    no finalmente... Sin... ente... no estúpidamente

Simiente

Sin
  ente
    no póstumamente... Sin... ente... no solamente

Simiente

Sin
  ente
    no simiente... Sin... ente... no ente... Simiente

A BOCA DO RIO
Claudio Queiroz

Na noite escura, veio o rio e mordeu o barranco.
De manhã, ao ver a terra rasgada e a casa quebrada,
Cuspiu Deco na direção do vazio:
"Quando caiu este pedaço de terra e de mim,
Deu vontade de chorar."
Chorou rios de sal ele, mas ninguém viu.
Agora a casa balança sobre o abismo.
Tem fome e sede e sal na barriga esse rio-mar.
Vorazmente vai liquidando tudo.
Aqui nestas ilhas líquidas, tudo vira águas que passam.
Na língua do rio estava a casa do Miguel.
Primeiro o rio lambeu o pátio, depois a sala.
A família recuou e muito lamentou.
Não tinha para onde ir.
Num tempo curto, o quarto desceu garganta abaixo.
Restou apenas a cozinha da palafita.
A gente miguelina se espremeu ali.
Alguns dias depois, o que se via na ribanceira aguada
Era apenas um punhado de madeira revirada
Com apoio de parentes, a família se mudou
Levando no peito uma casa invisível,
Uns pés de açaí e muita dor.

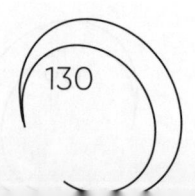

LA BOCA DEL RÍO

En la noche oscura, vino el río y mordió el barranco.
Por la mañana, al ver la tierra rasgada y la casa destrozada,
Escupió Deco en dirección al vacío:
"Cuando cayó este pedazo de tierra y de mí,
Sentí ganas de llorar."
Lloró ríos de sal, pero nadie lo vio.
Ahora la casa se balancea sobre el abismo.
Tiene hambre y sed y sal en la barriga este río-mar.
Vorazmente liquida todo.
Aquí en estas islas líquidas, todo se vuelve aguas que pasan.
En la lengua del río estaba la casa de Miguel.
Primero el río lamió el patio, después la sala.
La familia retrocedió y mucho lamentó.
No tenía para dónde ir.
En poco tiempo, el cuarto se fue garganta abajo.
Sobró apenas la cocina del palafito.
La gente miguelina se apretó allí.
Algunos días después, lo que se veía en la ribacera aguada
Era apenas un puñado de madera retorcida
Con ayuda de parientes, la familia se mudó
Llevando en el pecho una casa invisible,
Unas plantas de açaí y mucho dolor.

IMPUNEMENTE
Claudio Rozza

Paralisado no ar, vaidoso passarinho,
As penas a banhar, ao brilho da manhã,
Dono de toda cor, resplandece, sozinho.
Embriaga-se de flor, sugando-a com afã.

Quando ao sol, o calor acaricia seu ninho,
Pequenino voador, encanta a cortesã,
Fraca de tanto andar, em seu passo miudinho,
colorida demais, na vida longa e vã.

Não sabe tecer, fiar, a viver por um triz.
Nada mais aprendeu. Vive só, pobre e anciã.
A ninguém mais seduz. Vive de que, a infeliz?

Com brilho e alegria maior, viveu a tal imprudente,
E Deus dá, ao beija-flor, e a ela, linda manhã,
Comida, luz, calor, gostosa e impunemente.

IMPUNEMENTE

Paralizado en el aire, vanidoso pajarito,
Las plumas bañando, en el brillo de la mañana,
Dueño de todo color, resplandece, solo.
Se embriaga de flor, sorbiéndola con afán.

Cuando al sol, el calor acaricia su nido,
Pequeñito volador, encanta a la cortesana,
Débil de tanto andar, con su paso menudo,
demasiado colorida, en la vida larga y vana.

No sabe tejer, urdir, viviendo por un tris.
Nada más aprendió. Vive sola, pobre y vieja.
A nadie más seduce. ¿De qué vive, la infeliz?

Con brillo y alegría mayor, ha vivido la imprudente,
Y Dios da, al colibrí, y a ella, linda mañana,
Comida, luz, calor, deliciosa e impunemente.

SOBREVIVENDO
Consuelo Travassos

ao clamor da fúria
aos gritos insistentes sem voz
aos prantos do rosto mal querido
à luta do homem esquecido

à impotência do tempo
à ânsia amarga das promessas
dos homens de ternos sem compromissos

à loucura em busca da paz
dos braços de carência dos indigentes

ao dia evaporado pela mídia
pelos caracteres e algoritmos
numa velocidade sem limite

ao naufrágio da dor
que nos leva ao porto da esperança

Sobrevivendo

à voz em construção atrás dos textos
nos versos escondidos em elevação

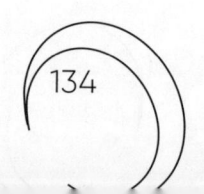

SOBREVIVIENDO

al clamor de la furia
a los gritos insistentes sin voz
en llanto del rostro mal querido
a la lucha del hombre olvidado

a la impotencia del tiempo
al ansia amarga de las promesas
de los hombres de traje sin compromisos

a la locura en busca de la paz
de los brazos de carencia de los indigentes

al día evaporado por la prensa
por los caracteres y algoritmos
a una velocidad sin límite

al naufragio del dolor
que nos lleva al puerto de la esperanza

Sobreviviendo

a la voz en construcción detrás de los textos
en los versos escondidos en elevación

UM DIA SÓ MEU
Cris Pedreira

Um dia sozinha, contemplei o silêncio.
Olhei o céu e avistei as estrelas.
E decidi que, constantemente, vou reservar um dia para mim.
Um dia só meu.
Sem interferência do alheio.
Para admirar a beleza do criador.
Um dia sem utilizar palavras, com os pensamentos soltos.
Degustar um bom vinho.
Estar na minha companhia.
Um dia só meu...
Um silêncio interior, uma paz, uma caminhada com a brisa suave em meu rosto.
Com a alma e o coração.
Apreciar a paisagem e deixar- me levar absorta em devaneios.
Um dia só meu...
Não permito que nada invada meu momento.
Um momento que reservei para mim, em prol da minha paz e sossego.
Um momento de reflexão e reconstrução.
Um momento de presentes, de vida em plenitude.
Um dia só meu.
Permito-me essa solidão.
Um vazio preenchido por mim.
Um dia só meu...
Permito-me esse dia, só na minha companhia e Deus.

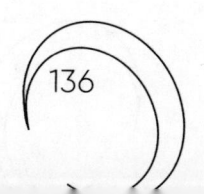

UN DÍA SOLO MÍO

Un día sola, contemplé el silencio.
Miré al cielo y vi las estrellas.
Y decidí que, constantemente, voy a reservar un día para mí.
Un día solo mío.
Sin interferencia de lo ajeno.
Para admirar la belleza del creador.
Un día sin utilizar palabras, con los pensamientos sueltos.
Degustar un buen vino.
Estar en mi compañía.
Un día solo mío...
Un silencio interior, una paz, un paseo con la brisa suave en mi rostro.
Con el alma y el corazón.
Apreciar el paisaje y dejarme llevar absorta en fantasías.
Un día solo mío...
No permito que nada invada mi momento.
Un momento que reservé para mí, en pro de mi paz y sosiego.
Un momento de reflexión y reconstrucción.
Un momento de regalos, de vida en plenitud.
Un día solo mío.
Me permito esa soledad.
Un vacío rellenado por mí.
Un día solo mío...
Me permito ese día, solo en compañía de Dios.

GÊNESE
D.E.

No acúmulo das palavras nasce um embrião
Organismo vivo em gestação
Rudimentar, tosco, primordial
Desenvolve-se, exigindo cortes e ajustes.

Em seu sistema almeja uma função
Circular a energia que molda a matéria
Dar vida ao inerte, conectar-se

Cresceu em um ambiente controlado; uma folha
Tímida, observada por um olhar fraterno
Desconhece multidões
Em seu criador, o formigar do "informigável",
Impulsionado, segue seu rumo dançante; apresenta-se para a vastidão.

Criticado, brilha
No plano de fundo, a escuridão das pupilas desconhecidas,
Mergulha, trilhando até o fundo dos olhos
Materializa-se, o corpo expande; horizontal, linear
Multiforme? Pouco importa

Atingirá seu fim ao virar da página, não será finado,
O imaginado, agora imagina, sonha em conhecer um novo lugar
O universo escondido, leitor, em seus olhos.

GÉNESIS

En la acumulación de palabras nace un embrión
Organismo vivo en gestación
Rudimentario, tosco, primordial,
Se desarrolla, exigiendo cortes y ajustes.

En su sistema ansía una función
Circular la energía que moldea la materia
Dar vida a lo inerte, conectarse

Creció en un ambiente controlado; una hoja
Tímida, observada por una mirada fraterna
Desconoce las multitudes
En su creador, el hormigueo de lo "inhormigueable",
Impulsado, sigue su rumbo danzante; se presenta ante la vastedad.

Criticado, brilla
En el plano de fondo, la oscuridad de las pupilas desconocidas,
Se sumerge, trillando hasta el fondo de los ojos
Se materializa, el cuerpo expande; horizontal, lineal
¿Multiforme? Poco importa

Alcanzará su fin al doblar la página, no estará terminado,
Lo imaginado, ahora imagina, sueña conocer un nuevo lugar
El universo escondido, lector, en tus ojos.

TUA VOZ MEGNIWICCA
Daniel Lopes Torres

Penso um poema
Como se fosse possível pensá-lo
Poemas brotam da alma
Só se é possível almá-los
Da alma leve brotam suspiros
De almas pesadas, desabafos
Há poemas macios e há poemas afiados
Há poemas que lambem, há poemas que mordem
Tudo depende da morada da alma
Desacomodada no cérebro, seus poemas ecoam
como que dentro de um caixão
De aninhadas no coração, poemas vêm de mãos dadas
ao barulho da chuva sobre folhas de parreira
E entre suas duas moradas há um trilho
Do coração ao cérebro, um trem bala
Para voltar ao coração, uma Maria Fumaça
Mas vou te contar sobre um atalho
Há no universo dos ouvidos um buraco de minhoca
Onde a voz soa o encanto de uma wicca
E muda a alma de dimensão
E antes que os lábios sorriam
A alma já invadiu o coração

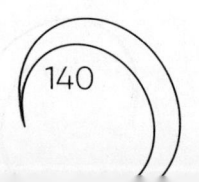

TU VOZ MEGNIWICCA

Pienso un poema
Como si fuera posible pensarlo
Poemas brotan del alma
Sólo si es posible almarlos
Del alma leve brotan suspiros
De almas pesadas, reproches
Hay poemas blandos y hay poemas afilados
Hay poemas que lamen, hay poemas que muerden
Todo depende de la morada del alma
Desacomodada en el cerebro, sus poemas resuenan
como dentro de un ataúd
Anidados en el corazón, poemas vienen de manos dadas
al rumor de la lluvia sobre hojas de parra
Y entre sus dos moradas hay un trillo
Del corazón al cerebro, un tren bala
Para volver al corazón, una Maria Fumaça
Pero te voy a contar sobre un atajo
Hay en el universo de los oídos un agujero de lombriz
Donde la voz toca el encanto de una wicca
Y cambia el alma de dimensión
Y antes que los labios sonrían
El alma ya ha invadido el corazón

ONDE A VIDA PULSA

Dapaz Sousa

Que todos sejamos um
É o desejo do Mestre
Que sejamos um em Cristo
Onde a esperança floresce
Onde há vida em abundância
Que Ele nos oferece

A cruz é o símbolo maior
Do verdadeiro cristão
Pois na cruz configurou
O poder da redenção
Tornando todos em Cristo
Comunidade de irmãos

Venha fazer diferença
Consolidar o perdão
Com fé e mui veemência
A vida consiste nisto
Unir um só coração
Onde a vida pulsa em Cristo

DONDE LA VIDA PULSA

Que todos seamos uno
Es el deseo del Maestro
Que seamos uno en Cristo
Donde la esperanza florece
Donde hay vida en abundancia
Que Él nos ofrece

La cruz es el símbolo mayor
Del verdadero cristiano
Pues en la cruz configuró
El poder de la redención
Haciendo a todos en Cristo
Comunidad de hermanos

Ven a marcar diferencia
Consolidar el perdón
Con fe y mucha vehemencia
La vida consiste en eso
Unir un solo corazón
Donde la vida pulsa en Cristo

BRINDE
Déa Canazza

Um brinde ao mar
Um brinde ao sol
Ao pôr do dia
Ao colocar o vinho
Na mais bela taça.

Agradecer o céu azul
Mesclado de vermelho
Tapete de areia macia, branca.

Ao som da água que salga
Água do mar, música chiada
No vai e vem das ondas.

O mar todo nessa taça, doce
O sal todo nesse mar
O brinde todo nesse mar.

Um brinde ao mar
Um brinde ao sol
Um brinde à natureza
Um brinde ora doce,
Ora salgado.

Elevemos as mãos.
Um brinde à vida!
"Salut"

BRINDIS

Un brindis al mar
Un brindis al sol
A la puesta del día
Al colocar el vino
En la más bella copa.

Agradecer el cielo azul
Mezclado de rojo
Alfombra de arena blanda, blanca.

Al son del agua que sala
Agua del mar, música chirriante
En el vaivén de las olas.

El mar todo en esa copa, dulce
La sal toda en ese mar
El brindis todo en ese mar.

Un brindis al mar
Un brindis al sol
Un brindis a la naturaleza
Un brindis ora dulce,
Ora salado.

Elevemos las manos.
¡Un brindis a la vida!
"Salut."

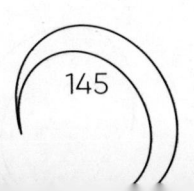

BELA DAMA
Denise Marinho

A Poesia é uma Dama.
A Poesia é minha amiga.
A Poesia é linda, uma querida artista.
A Poesia é bondosa, generosa e verdadeira.
A Poesia é Arte Cultural bonita!

A Poesia ama, chora e questiona.
A Poesia tem seus mistérios, guardados a sete chaves.
A Poesia me confronta, até me desafia.
A Poesia me abraça, mas tem dia que me abandona:
Contemplo ansiosa o horizonte, aguardando seu retorno.

Observo a floresta, caminho entre as pedras,
Mergulho em rios, fico reflexiva, te procuro.
Admiro o pôr do sol curiosa, quero seu regresso.
Chuva vem, chuva cai em pequenas gotículas.
Minha esperança não cessa, amo suas rimas.

A bela Dama sempre volta com novidades!
Nunca me contou por onde passeava.
Me abraça trazendo consolo e alegria.
Bela Dama Poesia que me completa,
Não sei por onde andavas, mas te aguardava.

Amada e digníssima Poesia,
Você sempre foi minha fiel e mais complexa amiga.
Não me deixe nunca mais.
Careço da sua companhia.
Parabéns, pelo seu belo dia.

BELLA DAMA

La Poesía es una Dama.
La Poesía es mi amiga.
La Poesía es linda, una querida artista.
La Poesía es bondadosa, generosa y verdadera.
¡La Poesía es Arte Cultural bonita!

La Poesía ama, llora y cuestiona.
La Poesía tiene sus misterios, guardados bajo siete llaves.
La Poesía me confronta, hasta me desafía.
La Poesía me abraza, pero hay días que me abandona:
Contemplo ansiosa el horizonte, esperando su retorno.

Observo el bosque, camino entre las piedras,
Me sumerjo en ríos, me pongo reflexiva, te busco.
Admiro la puesta del sol curiosa, quiero su regreso.
Lluvia viene, lluvia cae en pequeñas gotas.
Mi esperanza no cesa, amo sus rimas.

¡La bella Dama siempre vuelve con novedades!
Nunca me ha contado por donde paseaba.
Me abraza trayendo consuelo y alegría.
Bella Dama Poesía que me completa,
No sé por dónde andabas, pero te esperaba.

Amada y dignísima Poesía,
Siempre fuiste mi fiel y más compleja amiga.
No me dejes nunca más.
Me falta tu compañía.
Felicidades, en tu bello día.

INQUIETAÇÃO
Denise Marinho

Uma questão me atormenta e inquieta
Me toca como um martelo repetidamente,
Freneticamente na minha mente.
Entre escolher a resposta pronta e bonita
Entre o bem-querer e o malquerer
Pergunto à minha alma: O que há em mim?

Alguém me ajuda nessa hora?
Bondade, maldade, fé ou temperança?
Lealdade, indiferença, amor ou paz?
O que há no meu coração?
Tento decifrar, me analiso para descobrir,
Olho para todos os lados sem sorrir.

Assim como a areia do mar
Há Incontáveis segredos a desvelar
Mistério que está no recôndito da alma
Esconde-se como um animal silencioso
Na floresta assustadora noite adentro
A me observar sorrateiramente.

Sentado aqui no banco da praça
Entre papel, caneta e redes sociais.
Observo tudo ao meu redor, descontente.
Pessoas caminhando para lá e pra cá
O cachorro me olha com indagação
Como se entendesse minha aflição!

Me sinto pequeno para tal resposta,
Pois há medo de não encontrar todo o bem
Que almejo dentro de mim:
Respiro.

INQUIETUD

Una cuestión me atormenta e inquieta
Me toca como un martillo repetidamente,
Frenéticamente en mi mente.
Entre escoger la respuesta lista y bonita
Entre el bienquerer y el malquerer
Pregunto a mi alma: ¿Qué hay en mí?

¿Alguien me ayuda en esta hora?
¿Bondad, maldad, fe o templanza?
¿Lealtad, indiferencia, amor o paz?
¿Qué hay en mi corazón?
Intento descifrar, me analizo para descubrir,
Miro hacia todos lados sin sonreír.

Así como la arena del mar
Hay Incontables secretos que revelar
Misterio que está en lo recóndito del alma
Se esconde como un animal silencioso
En la selva asustadora noche adentro
Observándome taimadamente.

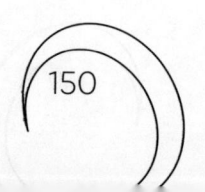

Sentado aquí en el banco de la plaza
Entre papel, pluma y redes sociales.
Observo todo a mi alrededor, descontento.
Personas caminando para allá y para acá
El perro me mira con indagación
¡Como si entendiese mi aflicción!

Me siento pequeño para tal respuesta,
Pues existe el miedo de no encontrar todo el bien
Que anhelo dentro de mí:
Respiro.

ENTRE A CRUZ E A ESPADA
Eder Diniz

Suas rugas, sinuosidades ancestrais
Estranhas entranhas, debochadas, escrachadas, escancaradas, violentadas
Seus esconderijos, encantos e mistérios sinceros: deflorados, deplorados, explorados, despedaçados
Aprecio do alto sua beleza, suas claridades, clarividências, pedaços cortados, divididos, arrancados
Desvalorizaram-na, violentaram-na, rasgaram suas entranhas, te envenenaram,
Assassinaram suas filhas e filhos
A bíblia e a espada te arruinaram
Corpos, corações foram dilacerados
Sangue jorrado pelos veios e veias douradas e argentinas
Pedaços, em frangalhos, lembranças distantes do que fora
Oh, Pacha Mama, os outros chegaram, te moeram/pó,
Sangraram irmãos, lançaram corpos ao rio e aos abutres
Mãos vermelhas cobertas de sangue inocente
O que restou para ti?
O veneno dos metais pesados que deixaram é que corre em suas veias
Oh, Abya Ayla, suas veias estão abertas
(Ch) oremos lágrimas tóxicas com fluxos de plasma vertendo chumbo e mercúrio

ENTRE LA CRUZ Y LA ESPADA

Sus arrugas, sinuosidades ancestrales
Extrañas entrañas, burladas, aplastadas, expuestas, violentadas
Sus escondites, encantos y misterios sinceros: desflorados, deplorados, explotados, despedazados
Aprecio desde lo alto su belleza, sus claridades, clarividencias, pedazos cortados, divididos, arrancados
La desvalorizaron, la violentaron, rasgaron sus entrañas, te envenenaron,
Asesinaron a tus hijas e hijos
La biblia y la espada te arruinaron
Cuerpos, corazones fueron dilacerados
Sangre vertida por las vetas y venas doradas y argénteas
Pedazos, en harapos, recuerdos distantes de lo que fue
Oh Pachamama, otros llegaron, te molieron/polvo,
Sangraron hermanos, lanzaron cuerpos al río y a los buitres
Manos enrojecidas cubiertas de sangre inocente
¿Qué te ha restado?
El veneno de los metales pesados que han dejado es lo corre en tus venas
Oh Abya Yala, tus venas están abiertas
(Ll) oremos lágrimas tóxicas con flujos de plasma vertiendo plomo y mercúrio

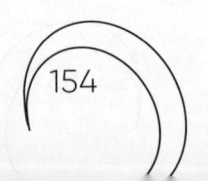

FIGURAS DO FOLCLORE BRASILEIRO
Édson Ceretta

Riquezas culturais, manifestações;
Figuras míticas, com atuações mil;
Lendas, crendices, boas definições;
Há um valioso folclore no Brasil.

O saci-pererê e o velho do saco;
A comadre fulozinha e o boto;
Negrinho do pastoreio e cuca;
Mula sem cabeça e pai do mato.

A índia protetora, a caipora;
Curupira, guardião da floresta;
A sereia de olhos verdes, a iara;
Pé de garrafa, d'um olho na testa.

A loira alamoa e a velha pisadeira;
Lobisomem, em noites de lua cheia;
Pássaro sinistro, a matinta pereira;
O atroz minhocão e a vitória-régia.

Nesse país, robustos nomes ainda há;
Boi vaquim, boi de asas, chispa fogo;
O bravo chico-rei e a cobra boitatá;
E mapinguari, o monstro amazônico.

FIGURAS DEL FOLCLORE BRASILEÑO

Riquezas culturales, manifestaciones;
Figuras míticas, con actuaciones mil;
Leyendas, creencias, buenas definiciones;
Existe un valioso folclore en Brasil.

Saci-pererê y el viejo del saco;
La comadre fuló y el bufeo;
Negrito del pastoreo y cuca;
Mula sin cabeza y pai do mato.

La india protectora, la caipora;
Curupira, guardián del bosque;
La sirena de ojos verdes, yara;
Pie de botella, de un ojo en la frente.

La rubia alamoa y la vieja pisadeira;
Hombre lobo, en noches de luna llena;
Pájaro siniestro, la matinta pereira;
La atroz serpiente y la victoria-regia.

En este país, robustos nombres aún existen;
Buey vaquim, buey de alas, chispa fuego;
El valiente chico rey y la serpiente boitatá;
Y mapinguarí, el monstruo amazónico.

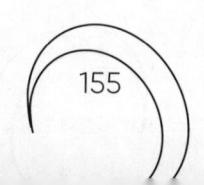

ACORDAR COM OS PASSARINHOS
Édson Ceretta

Eu acordo com seus assobios.
Há muitos pássaros em dança.
Concentrados, não perdem o brio
Nem a inocência de uma criança.

Com eles, há uma doce sinfonia.
Juntos, parecem uma obra divina.
O coro é música, regozijo, alegria.
Começar o dia na paz é gás, anima.

Às vezes, há ruídos diferentes.
Mas, não ofuscam a sintonia.
Sinto a alma, nesse instante,
Viajar em ondas e em poesia.

Eles promovem a calmaria
E enfeitam o nosso mundo.
Têm o dom da harmonia.
Desses seres, eu me inundo.

Esvoaçam, voando ao infinito,
Em movimentos cheios de vida.
Com um despertar tenro e bonito,
Decerto, a jornada será divertida.

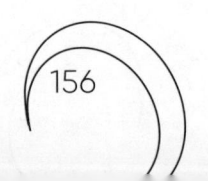

DESPERTAR CON LOS PAJARITOS

Despierto con sus silbidos.
Hay muchos pájaros en danza.
Concentrados, no pierden el brío.
Ni la inocencia de un niño.

Con ellos, hay una dulce sinfonía.
Juntos, parecen una obra divina.
El coro es música, regocijo, alegría.
Empezar el día en paz es gas, anima.

A veces, hay ruidos diferentes.
Pero, no ofuscan la sintonía.
Siento que el alma, en ese instante,
Viaja en olas y en poesía.

Ellos promueven la calma
Y adornan nuestro mundo.
Tienen el don de la armonía.
De esos seres, yo me inundo.

Aletean, volando al infinito,
En movimientos llenos de vida.
Con un despertar tierno y bonito,
Sin duda, la jornada será divertida.

RIO CAPIVARA
Eduardo Rodrigues e Albuquerque

Rio da minha infância, vida
Te busco, alhures, na memória
Eras de natureza pacífica
Vivias em harmonia, águas cadentes
Exceto nos rigorosos invernos
Quando de teu leito, indomável, fugias
Avassalador, a todos surpreendias

Nas brancas areias de teu escorreito leito
Cintilavas por vezes em reluzentes lajedos

Aonde andas, meu dileto Capivara
Não mais te encontro no presente
Rio de meu passado, rio ausente
Na minha infância eras perene

Quisera novamente te acariciar
Sentir em meus pés, cansados,
Teu suave e revigorante roçar
Teu corpo inteiro, todo ele, abraçar

Em tuas serenas águas, nadar
Ou mesmo tuas tormentas, desafiar

Não mais te encontro, meu rio
Que destino fostes buscar
Te perdestes, por acaso, no caminho do mar
Ou foi o homem que destruiu teu antigo lar

Oh! Rio ausente, meu rio, se faça presente
Antes da Indesejada chegar
Ou, se não podes, me esperas por lá

RÍO CAPIVARA

Río de mi infancia, vida
Te busco, en todas partes, en la memoria
Eras de naturaleza pacífica
Vivías en armonía, aguas cadenciosas
Excepto en los rigurosos inviernos
Cuando de tu lecho, indomable, huías
Avasallador, a todos sorprendías

En las blancas arenas de tu resbaladizo lecho
Centellabas a veces en relucientes losas

Dónde andas, mi dilecto Capivara
Ya no te encuentro en el presente
Río de mi pasado, río ausente
En mi infancia eras perenne

Te quisiera nuevamente acariciar
Sentir en mis pies, cansados,
Tu suave y vivificante rozar
Tu cuerpo entero, todo él, abrazar

En tus serenas aguas, nadar
O aun tus tormentas, desafiar

Ya no te encuentro, mi río
Qué destino fuiste a buscar
Te perdiste, por acaso, en el camino del mar
O fue el hombre que destruyó tu antiguo hogar

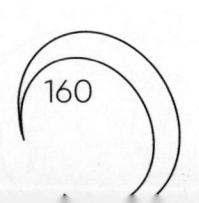

¡Oh! Río ausente, río mío, hazte presente
Antes que llegue la Indeseada
O, si no puedes, espérame allá

BANCOS
Elaine Vilela

Bancos são bancos... São de Drummond e Pessoa.
Pessoas comuns. Pessoas apreciadoras.
Então vamos falar de bancos!
Não de pôr do sol. Ou neblinas geladinhas.
De jardins e movimentos.
Vamos falar de bancos... Brancos e pretos, azuis.
Coloridos arco-íris do play.
De bancos enfim de calungas.
De bancos de pracinhas risonhas.
De bancos enamorados escondidos.
De bancos mineiros e praianos.
De bancos europeus.
De bancos com sabor de sorvete
De bancos com choros.
De bancos com vida.
Bancos de encontros.
Bancos de despedidas.
Ah! Mundão de bancos.
Quero todos para mim.
Mas um banco me quer.
Clama por mim... Nem me lembro quando
É um banco português que deixei lá em Sintra.
Talvez foste primavera ou outono?
Aquele banco português.

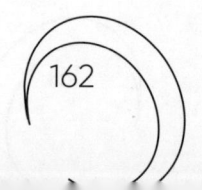

BANCOS

Bancos son bancos... Son de Drumond y Pessoa.
Personas comunes. Personas apreciadoras.
¡Entonces vamos a hablar de bancos!
No de puesta del sol. O neblinas heladitas.
De jardines y movimientos.
Vamos a hablar de bancos... Blancos y negros, azules.
Coloridos arcoíris del play.
De bancos en fin de calungas.
De bancos de placitas risueñas.
De bancos enamorados escondidos.
De bancos mineiros y playeros.
De bancos europeos.
De bancos con sabor a helado.
De bancos con llantos.
De bancos con vida.
Bancos de encuentros.
Bancos de despedidas.
¡Ah! Mundo de bancos.
Los quiero todos para mí.
Pero un banco me quiere.
Clama por mí... Ni me acuerdo cuándo
Es un banco portugués que dejé allá en Sintra.
¿Tal vez fuiste primavera u otoño?
Aquel banco portugués.

O ADEUS DE DINAMENE
Eliane Pantoja Vaidya

Vai, vai ó meu Luís te salva
O mar que ruge em torno, a nós dois vai tragar
Assim te salva! A terra lá está, tu sentes, e eu a sinto.
Deixa-me aqui em meio a este nada líquido e salgado.
Amor, amor, te salva e leva tua obra
Tem em conta teu canto tão sublime
Que há de atravessar séculos
Enquanto nossa língua for falada por humana gente.
Vai não olhes para trás, meu pobre homem cego
Olha em frente, vê a terra, a pátria e a glória.
O que carregas pesará pros Deuses
É tua vitória.
Não pros homens cultos desta época
Que falsos, pérfidos
Não hão de valorar o que invejam
Nem pros incultos que não podem
Apreciar tuas grandezas.
Eu aqui fico agarrada às tábuas que me deste
Sonhando com os beijos que nós tínhamos
Esperando a piedade dos Deuses que conheces.
Quem sabe um vento bom me leve
À ilha de Vênus que anteviste
Repleta de lírios e jasmins
Onde formosas ninfas e seus amantes
Brincavam o dia.
Em paços radiantes reluziam

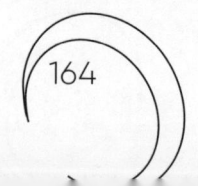

A fausta mesa de manjares vários
Ali sentados amante e dama se brindavam
Tendo à cabeceira a Deusa e o Gama
Então eu, a rica Dinamene que amou Luís
Não o *loser*, nem o cego
Mas o Poeta Altíssimo destes lusos
Serei chamada à mesa por seu nome
E só por seu nome serei lembrada.

EL ADIÓS DE DINAMENE

Vete, vete oh mi Luis sálvate
El mar que ruge alrededor, a los dos nos tragará
¡Entonces sálvate! La tierra allá está, tú sientes, y yo la siento.
Déjame aquí en medio de esta nada líquida y salada.
Amor, amor, sálvate y lleva tu obra
Ten en cuenta tu canto tan sublime
Que habrá de atravesar los siglos
Mientras nuestra lengua sea hablada por humana gente.
Vete, no mires hacia atrás, mi pobre hombre ciego
Mira hacia delante, ve la tierra, la patria y la gloria.
Lo que cargas pesará para los Dioses
Es tu victoria.
No para los hombres cultos de esta época
Que falsos, pérfidos
No han de valorar lo que envidian
Ni para los incultos que no pueden
Apreciar tus grandezas.
Aquí me quedo agarrada a las tablas que me diste
Soñando con los besos que teníamos
Esperando la piedad de los Dioses que conoces.
Quién sabe un viento bueno me lleve
A la isla de Venus que anteviste
Repleta de lirios y jazmines
Donde hermosas ninfas y sus amantes
Saltaban el día.
En palacios radiantes relucían

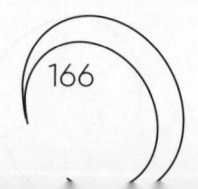

La fastuosa mesa de manjares varios
Allí sentados amante y dama se brindaban
Estando en la cabecera la Diosa y Gama
Entonces yo, la rica Dinamene que amó a Luis
No al loser, ni al ciego
Sino al Poeta Altísimo de estos lusos
Seré llamada a la mesa por su nombre
Y sólo por su nombre seré recordada.

A PLACIDEZ DO TEMPO
Elisa Fes

Parado, ele memoriza com indiferença
cada movimento da Vida.
O pensamento de ele próprio estar passando
ilude a quem quer segurá-lo.
Invólucro multicor, contemplativo e intocável
ele contorna a dinâmica do Universo
de se engrenar para existir,
de nascer para morrer
e de se transformar para reviver.
Ele não, apenas ponteiros brincam
de comandantes do claro-escuro
e incitam o pique-esconde de sol e lua.
Planetas, estrelas e galáxias atuam
como coadjuvantes no folguedo.
Sua placidez se distrai
com a graça desse entendimento lúdico
especialmente quando os ponteiros param.
É quando a Humanidade retrocede
com a ilusão do atraso.
Espectador a perscrutar o segredo dos viventes
e o desabrochar da Criação ele assiste impassível
aos caprichos e benevolências do Inferno e dos Céus
enquanto a Roda-Viva vai mudando a temperatura
e definindo as Estações.

LA PLACIDEZ DEL TIEMPO

*Parado, él memoriza con indiferencia
cada movimiento de la Vida.
El pensamiento de que él mismo está pasando
ilude a quien quiere detenerlo.
Envoltura multicolor, contemplativa e intocable
él bordea la dinámica del Universo
de engranarse para existir,
de nacer para morir
y de transformarse para revivir.
Él no, sólo las manecillas juegan
a los comandantes del claro-oscuro
e incitan al escondite de sol y luna.
Planetas, estrellas y galaxias actúan
como coadyuvantes en el jolgorio.
Su placidez se distrae
con la gracia de ese entendimiento lúdico
especialmente cuando las manecillas se detienen.
Es cuando la Humanidad retrocede
con la ilusión del atraso.
Espectador escrutando el secreto de los vivos
y el florecer de la Creación él contempla impasible
a los caprichos y benevolencias del Infierno y de los Cielos
mientras la Rueda Viva va cambiando la temperatura
y definiendo las Estaciones.*

PRIMAVERA
Elisabete Pereira

Amar-te é como flores na primavera
Que rejuvenescem toda minha alma
E faz com que a minha vida inteira
Floresça nas emoções de quem ama

Como senão houvesse mais nada
Antes de ti e tudo o que causas
Como se o tempo breve passara
E em seus olhos fizesse morada

É como sentir-me plenamente vivo
Com anseios de abraçar o mundo
Inundando de júbilo o meu íntimo
Em ver o bonito que há em tudo

Como se pudesse tocar o céu
E, assim, brincar com as estrelas
Contemplar um universo só meu
Repleto de maravilhas e belezas

Porque te amar é uma sensação rara
É todos os dias um estado de euforia
E, absolutamente, nada se compara
A esta experiência única e bendita

Que por deveras me motiva e me completa
E, mesmo que não exista felicidade plena
Contento-me por amar-te à minha maneira
E, inebriado de graça, poder-te ser primavera

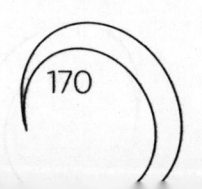

PRIMAVERA

Amarte es como la primavera
Que rejuvenece toda mi alma
Y hace con que mi vida entera
Florezca, así como quien ama

Como se no hubiera más nada
Antes de ti y todo lo que causas
Como si el tiempo breve pasara
Y se detuviera en tu mirada

Es sentirme plenamente vivo
Con ganas de abrazar el mundo
Llenando de alegría el íntimo
En ver lo bonito que hay en todo

Como si pudiera tocar el cielo
Y luego jugar con las estrellas
Contemplar de cerca el universo
Repleto de maravillas y bellezas

Porque amarte es como magia
Es estar de fiesta todos los días
Y absolutamente nada se compara
A esta experiencia única y bendita

Que me impulsa y me completa
Y aunque no haya felicidad plena
Sé que puedo amarte a mi manera
Y igualmente serte primavera

CUATRO VIENTOS

Elísio Gomes Filho

A voz monótona de um motor bramindo...
Algo inimaginável estava sendo realizado a bordo de um avião.
Tedioso voo. Imobilidade total. Sintam o cheiro do motor exalando calor!
Dois pilotos espanhóis ouvem ventos que falam de sonhos
O capitão Mariano Barberán, de Guadalajara, e o tenente Joaquín Collar, um catalão de Figueras.
Milhares de quilômetros sem escalas sobre o mar.
O rumo guiado pelo sol, pela lua ou pelas estrelas;
Tudo começou na pista de Sevilha quando o lendário avião deixou o chão...
Sem nada para ver além do céu e do mar que nada sobra senão solidão.
Não haveria notícias do Cuatro Vientos até tocar a costa cubana
Multidão a espera pelo biplano. Aplausos, acenos e alvoroços!
Barberán e Cóllar saem felizes e sorridentes da cabine do Cuatro Vientos.
Dali voar para a Cidade do México
Se tornou um mistério da aviação.
O último voo do Cuatro Vientos é uma lenda que se fez no coração do mar
Muitas foram as dores e as flores
A vida dos dois heróis do ar é triste sim, mas é céu sem fim.
Os ventos assim contam!

CUATRO VIENTOS

La voz monótona de un motor bramando...
Algo inimaginable estaba siendo realizado a bordo de un avión.
Tedioso vuelo. Inmovilidad total. ¡Sientan el olor del motor
exhalando calor!
Dos pilotos españoles escuchan vientos que hablan de sueños
El capitán Mariano Barberán, de Guadalajara, y el teniente
Joaquín Collar, un catalán de Figueras.
Millares de kilómetros sin escalas sobre el mar.
El rumbo guiado por el sol, por la luna o por las estrellas;
Todo comenzó en la pista de Sevilla cuando el legendario avión
dejó el suelo...
Sin nada para ver más allá del cielo y del mar que nada sobra
sino soledad.
No habría noticias del Cuatro Vientos hasta llegar a la costa cubana
Multitud a la espera del biplano. ¡Aplausos, saludos y alborozo!
Barberán y Collar salen felices y sonrientes de la cabina del
Cuatro Vientos.
De ahí a volar hacia la Ciudad de México
Se convirtió en un misterio de la aviación.
El último vuelo del Cuatro Vientos es una leyenda que se hizo en
el corazón del mar
Muchos fueron los dolores y las flores
La vida de los dos héroes del aire es triste sí, mas es cielo sin fin.
¡Los vientos así lo cuentan!

UM DIA
Fábio Rocha

Um dia
Muito sofria
Sem tamanho peso da dor descomunal que esmagava-me
Consumia-me
Suportar
Compactava-me à tristeza
Sob um coração apertado
Quebrado
Quebrantado
Que uivava para a tão salutífera alegria
Numa busca incansável, encontrar
Aguardando com anelo
O fogo acolhedor do afago que tanto quero
E ainda assim, não me desespero
Pois estou convencido
Que no tempo devido
Atilado no íntimo
A dor terminantemente desaparecerá
E direi à tristeza: "Tristeza? Onde está?"
Olharei para o lado e direi: "Dor? Sua ausência me acalma?!"
E nem à Tristeza e tampouco a dor desimpregnada
respondem; pois, não mais há
E quanto mais olho para dentro de minhas entranhas
Sobra espaço para o amor que borbulha e calorosamente avança
Dando lugar à vasta alegria
Um coração devastado um dia
Sempiternamente, ocupar

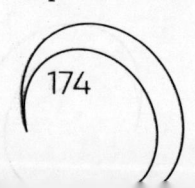

UN DÍA

Un día
Mucho sufría
Sin tamaño peso del dolor descomunal que me aplastaba
Me consumía
Soportar
Me compactaba la tristeza
Bajo un corazón apretado
Partido
Quebrantado
Que aullaba a la tan salutífera alegría
En una búsqueda incansable, encontrar
Esperando con anhelo
El fuego acogedor del cariño que tanto quiero
Y aun así, no me desespero
Pues estoy convencido
Que en el tiempo debido
Atildado en lo íntimo
El dolor terminantemente pasará
Y diré a la tristeza: "¿Tristeza? ¿Dónde estás?"
Miraré hacia el lado y diré: "¡¿Dolor? ¿Tu ausencia me calma?!"
Y ni la Tristeza y tampoco el dolor desentrañado responden;
pues, ya no existen
Y mientras más miro en mis entrañas
Sobra espacio para el amor que burbujea y calurosamente
avanza
Dando lugar a la vasta alegría
Un corazón devastado un día
Sempiternamente, ocupar

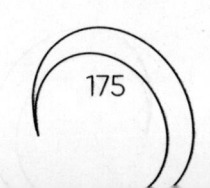

MUDANÇA

Fábio Spina

Em um mundo louco,
Aquele que pensa pouco,
Tem um grito rouco.

Contudo, se ele começar a ler,
Irá se tornar um ser,
E logo, logo, todos o irão ler.

CAMBIO

En un mundo loco,
Aquel que piensa poco,
Tiene un grito ronco.

Sin embargo, si empieza a leer,
Se convertirá en un ser,
Y pronto, pronto, todos lo irán a leer.

TÃO NOSSO, TÃO MEU

Maria de Fátima Fontenele Lopes

Era tudo tão nosso, tão meu
Tão seu, desvairado, bonito
Bagunçado, às vezes, calmo
Adocicado, barulhento, doce.

Tão real, tão vivo, meu e seu
Alucinante, urgente, vivido
Saboroso, tão bom, grudento
Coração acelerado, carente.

Enamorados, tão nosso, meu
Aconchego, céu, eternidade
Lua, prelúdio, encantamento
Você, eu, nós, fascínio, leveza.

Infinitamente enlaçados, a sós
Vida, sol, amanhecer, melodia
Amor, despedida, saudades
Almas estraçalhadas, dor.

TAN NUESTRO, TAN MÍO

Era todo tan nuestro, tan mío
Tan tuyo, enloquecido, bonito
Desordenado, a veces, tranquilo
Endulzado, ruidoso, dulce.

Tan real, tan vivo, mío y tuyo
Alucinante, urgente, vivido
Sabroso, tan bueno, pegajoso
Corazón acelerado, carente.

Enamorados, tan nuestro, mío
Amparo, cielo, eternidad
Luna, preludio, encantamiento
Tú, yo, nosotros, fascinación, levedad.

Infinitamente enlazados, a solas
Vida, sol, amanecer, melodía
Amor, despedida, añoranza
Almas despedazadas, dolor.

HAIKAIS – ESTAÇÕES I
Fátima Xavier

A brisa balança
Flores brancas e silvestres
É primavera

Dançarinas loucas
As palhas dos coqueiros
Num dia de verão

HAIKÚS – ESTACIONES I

La brisa balancea
Flores blancas y silvestres
Es primavera

Bailarinas locas
Las hojas de los cocoteros
En un día de verano

HAIKAIS – ESTAÇÕES II
Fátima Xavier

Sopra o vento
Assobiando com força
Cala a cigarra

Densas nuvens
Tocam o alto da montanha
Frio intenso

HAIKÚS – ESTACIONES II

Sopla el viento
Silbando con fuerza
Calla la cigarra

Densas nubes
Tocan lo alto de la montaña
Frío intenso

AMOR RAIZ
Fernanda Pires Sales

O cordão invisível ainda une
Mesmo que a simbiose se desfaça
O calor do colo, enfim, assume
Lugar precioso, inconsciente,
Que por si só basta.

No início, semente
A crescer no ventre...
Com o tempo,
Lentamente,
Dois mundos a se conhecer
Frente a frente.

Além do infinito
É mais que promessa
É amor consciente,
Único, livre de qualquer reserva.

AMOR RAÍZ

El cordón invisible todavía une
Aunque la simbiosis se deshaga
El calor del regazo, en fin, asume
Un lugar precioso, inconsciente,
Que por sí solo basta.

Al inicio, simiente
Creciendo en el vientre...
Con el tiempo,
Lentamente,
Dos mundos a conocerse
Frente a frente.

Más allá del infinito
Es más que promesa
Es amor consciente,
Único, libre de cualquier reserva.

SELVAGERIA

Fernanda Pires Sales

Seu coração confessou, sofria:
"O amor é uma selvageria"
Sentimento que não se doma
Bicho que não se cria.

Acordado, por vezes, à noite
Jurou amá-la dia após dia
As juras, alimentadas por ela,
Nela adormeciam o amor que sentia.

Até que... no silêncio do quarto —
Perdidos no tempo —
Perceberam, ambos,
Dormiam ao relento.

Vazia de sentidos
Ficou a cama
Afugentada, a fera
Apagou a chama.

Enquanto fugia, em disparada,
Entreolharam-se na despedida
"Que seja infinito enquanto dure"
E, aguardaram, novamente, sua vinda.

SALVAJADA

Su corazón confesó: sufría:
"El amor es una salvajada"
Sentimiento que no se doma
Bicho que no se cría.

Despierto, a veces, por la noche
Juró amarla día tras día
Las promesas, alimentadas por ella,
En ella adormecían el amor que sentía.

Hasta que... en el silencio del cuarto —
Perdidos en el tiempo —
Percibieron, ambos,
Que dormían al relente.

Vacía de sentidos
Quedó la cama
Ahuyentada, la fiera
Apagó la llama.

Mientras huía, en disparada,
Se miraron en la despedida
"Que sea infinito mientras dure"
Y, esperaron, nuevamente, su llegada.

1986

Fernando José Cantele

A impossibilidade de determinação
O início de tudo
As portas da origem
Sonhos acordados e pesadelos
São tão essenciais
A morte ainda não me encontrará
Permanecerei vivo
Entre o espaço e o tempo
Ouço o silêncio
Ele diz tudo, é ensurdecedor
A lucidez duradoura
Estrelas brilhantes
A luz e a escuridão
Imersas nesse universo
Em eterna expansão.

1986

La imposibilidad de determinación
El inicio de todo
Las puertas del origen
Sueños despiertos y pesadillas
Son tan esenciales
La muerte aún no me encontrará
Permaneceré vivo
Entre el espacio y el tiempo
Oigo el silencio
Lo dice todo, es ensordecedor
La lucidez duradera
Estrellas brillantes
La luz y la oscuridad
Inmersas en este universo
En eterna expansión.

O LUGAR ESCOLHIDO
Francieli Santoro

Entre todos os lugares, esse é o que acolhe,
aquele que entende e se for preciso espera.
Entre todos os lugares, compreendo a beleza que nele existe,
todo o cuidado e respeito, que neste reside.
Entre todos os lugares já vistos,
esse é o que realmente faz buscar um sentido.
Esse lugar faz manter um vínculo,
um lugar que não se encontrará "aqui ou ali",
fácil talvez pareça, só o encontrará quem compreender,
que ele não se compara, compra ou vende,
de certa forma, é uma doação e uma troca,
saberá a sua proporção o ser humano que realmente entende.
Esse lugar escolhido, pode ser um remédio,
por muitos vistos, atribuído e repetido.
Falo do abraço como gesto e sentimento manifesto.
Como forma de um contexto de aceitação e dedicação.
Pode trazer muito mais valor ao seu doador ou receptor,
sem variação de identidade, mas quando acolhido com sinceridade,
é um lugar que de todos os lugares carrega a sua intensidade.

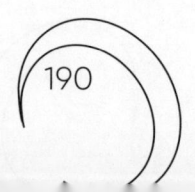

EL LUGAR ELEGIDO

Entre todos los lugares, ese es el que acoge,
aquel que entiende y si es preciso espera.
Entre todos los lugares, comprendo la belleza que en él existe,
todo el cuidado y respeto, que en este reside.
Entre todos los lugares ya vistos,
ese es el que realmente hace buscar un sentido.
Ese lugar capaz de mantener un vínculo,
un lugar que no se encontrará "aquí o allí",
fácil tal vez parezca, sólo lo encontrará quien comprenda,
que él no se compara, compra o vende,
de cierta forma, es una donación y un intercambio,
sabrá su proporción el ser humano que realmente entiende.
Ese lugar elegido, puede ser una medicina,
por muchos vista, atribuida y repetida.
Hablo del abrazo como gesto y sentimiento manifiesto.
Como forma de un contexto de aceptación y dedicación.
Puede traer mucho más valor a su donante o receptor,
sin variación de identidad, mas cuando acogido con sinceridad,
es un lugar que de todos los lugares carga su intensidad.

NA ESCURIDÃO
Franklin Hopkins

Na escuridão
Conversei com meu medo
Expus minha dor
Revelei meus segredos

Na escuridão
Adaptei-me ao pânico
Alimentei a angústia
Chorei por minutos sem fim
Quis tudo perto e longe de mim

Na escuridão aprendi a ser eu
Aprendi a criar camadas de proteção
De ser mente pensante
Sem deixar de lado o coração

E o coração, que fez abrir as janelas
Renovar a força interior
Suavizando a dor e regozijando-se nas quimeras
Abrir as janelas para um novo ser
Onde a luz aparece
E pela boca diz: vida, meu bem querer!

EN LA OSCURIDAD

En la oscuridad
Conversé con mi miedo
Expuse mi dolor
Revelé mis secretos

En la oscuridad
Me adapté al pánico
Alimenté la angustia
Lloré por minutos sin fin
Quise todo cerca y lejos de mí

En la oscuridad aprendí a ser yo mismo
Aprendí a crear camadas de protección
De ser una mente pensante
Sin dejar de lado el corazón

Y el corazón, que hizo abrir las ventanas
Renovar la fuerza interior
Suavizando el dolor y regocijándose en las quimeras
Abrir las ventanas para un nuevo ser
Donde la luz aparece
Y por la boca dice: ¡vida, mi bienquerer!

SOBRE POESIA
G. Pitz

O que é a poesia?
Senão uma união
De palavras
De versos
De momentos
De sentimentos

Ela tenta explicar
O que não compreendemos
Um gesto
Uma lágrima
O amor
Uma dor

Atravessa o tempo
Passa por gerações
É feita de lembranças
Cria memórias
Conta histórias

Fala da nossa terra
Da nossa gente
De gente de outro lugar
Do sol, do ar
Do mar

É livre como um passarinho
Voa para onde quiser
Pousa onde precisa

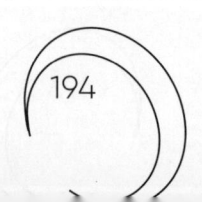

SOBRE LA POESÍA

¿Qué es la poesía?
Sino una unión
De palabras
De versos
De momentos
De sentimientos

Ella intenta explicar
Lo que no comprendemos
Un gesto
Una lágrima
El amor
Un dolor

Atraviesa el tiempo
Pasa por generaciones
Está hecha de recuerdos
Crea memorias
Cuenta historias

Habla de nuestra tierra
De nuestra gente
De gente de otro lugar
Del sol, del aire
Del mar

Es libre como un pajarito
Vuela adonde quiere
Aterriza donde necessita

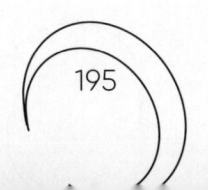

COORDENADAS
Gabriela Gouvêa

O sol castiga a nuca
o vento aconselha
a pausa

A voz ecoa no abismo
do cume grita
o silêncio

A queda ensina o corpo
a garra desgasta
as juntas

O ar escapa do peito
a mente se perde
em delírios

A chuva arrasta os sonhos
na terra aberta
e profunda

A noite abraça o medo
o gelo estanca
o fluxo

Aurora invade a retina
com fome
de recomeço

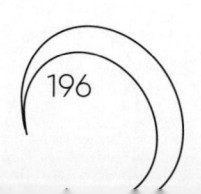

COORDINADAS

El sol castiga la nuca
el viento aconseja
la pausa

La voz resuena en el abismo
desde la cumbre grita
el silencio

La caída muestra el cuerpo
la garra desgasta
las coyunturas

El aire escapa del pecho
la mente se pierde
en delirios

La lluvia arrastra los sueños
en la tierra abierta
y profunda

La noche abraza el miedo
el hielo estanca
el flujo

La aurora invade la retina
con hambre
de recomienzo

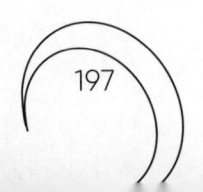

ETERNAS INCÓGNITAS
Geovanna Ferreira

Existirá um dia uma resposta aceitável sobre o ser humano?
Quais são os perigos de se investigar sobre os seres que aqui habitam?
Somos eternas incógnitas, e esta é a natureza da vida.
Vivemos, caímos, mudamos e voamos como pipas.

Pipas que voam ao céu sem destino.
Afinal, para onde irá o ser humano ao final de tudo?
Nunca soubemos e nem saberemos os caminhos que vamos trilhar.
Só nos resta cada dia mais, sonhar...

A preocupação com o futuro é inevitável.
Os comportamentos e sentimentos fazem parte de uma particularidade.
Cada um de nós reage de uma forma.
Pensando em como viver a vida, sem se preocupar com a hora.

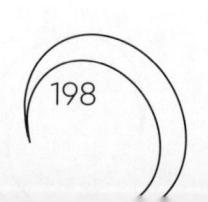

A hora de ir para casa.
A hora de ir trabalhar.
As preocupações diárias do dia, sabe?
Aquelas que nos causam arrepios de verdade!

Como é difícil falar sobre as pessoas!
Explicar sobre a raça humana e suas características.
Sabemos que estamos neste mundo de passagem,
E que os momentos aqui vividos fazem parte de uma viagem...

Uma viagem sobre a vida!
Para desbravá-la da melhor maneira.
Descobrir os mistérios mais obscuros,
Chorar, sofrer e sonhar com o futuro...

ETERNAS INCÓGNITAS

¿Existirá un día una respuesta aceptable sobre el ser humano?
¿Cuáles son los peligros de investigar sobre los seres que aquí habitan?
Somos eternas incógnitas, y esta es la naturaleza de la vida.
Vivimos, caemos, cambiamos y volamos como papalotes.

Papalotes que vuelan al cielo sin destino.
¿Al final, adónde irá el ser humano después de todo?
Nunca hemos sabido ni sabremos los caminos que vamos a trillar.
Sólo nos resta cada día más, soñar...

La preocupación con el futuro es inevitable.
Los comportamientos y sentimientos hacen parte de una particularidad.
Cada uno de nosotros reacciona de una manera.
Pensando en cómo vivir la vida, sin preocuparse con la hora.

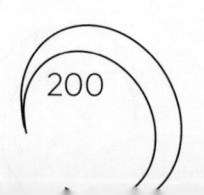

La hora de ir a casa.
La hora ir a trabajar.
Las preocupaciones diarias del día, ¿sabes?
¡Aquellas que nos causan escalofríos de verdad!

¡Cómo es difícil hablar sobre las personas!
Explicar sobre la raza humana y sus características.
Sabemos que en este mundo estamos de paso,
Y que los momentos aquí vividos forman parte de un viaje...

¡Un viaje sobre la vida!
Para desbravarla de la mejor manera.
Descubrir los misterios más oscuros,
Llorar, sufrir y soñar con el futuro...

ANUÁRIO
Gilze Bara

janeiro	respirei
fevereiro	entrei
março	corri
abril	lutei
maio	orei (em homenagem a Adélia)
junho	amei
julho	colhi e agradeci
agosto	não sei
setembro	plantei e cantei
outubro	envelheci
novembro	esperei
dezembro	senti. E recomecei

ANUARIO

enero	*respiré*
febrero	*entré*
marzo	*recorrí*
abril	*luché*
mayo	*oré (en homenaje a Adelia)*
junio	*amé*
julio	*coseché y agradecí*
agosto	*no sé*
septiembre	*planté y canté*
octubre	*envejecí*
noviembre	*esperé*
diciembre	*sentí. Y recomencé*

GOLPE DE AFETO
Glafira Menezes Corti

Estressou, nada adiantou,
As estrias cresceram escuras
Espalharam-se comprometendo
Galhos novos que surgiam
De lado; de frente folhas caíam
Assustadas, preocupadas
Com novos cortes.

Encasquetou com a vitória,
Fez reservas com orvalho
Promessa de que o umedecer
Desviaria a origem das queixas.
Sem a mesmice da raiva
Semeada no fígado irmão,
Distinguiu uma astuta vozeria

***

Abafando os outros versos
Dessa estoica poesia.

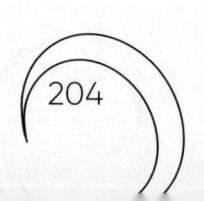

GOLPE DE AFECTO

Se estresó, de nada sirvió,
Las estrías crecieron oscuras
Se expandieron comprometiendo
Ramas nuevas que surgían
De lado; de frente hojas caían
Asustadas, preocupadas
Con nuevos cortes.

Se empecinó con la victoria,
Hizo reservas con el rocío
Promesa de que el humedecer
Desviaría el origen de las quejas.
Sin la monotonía de la rabia
Sembrada en el hígado hermano,
Distinguió una astuta algarabía

***
Sofocando los otros versos
De esta estoica poesía.

SUA CHEGADA
Glafira Menezes Corti

Naquele dia, eu acordei feliz e sem dor.
Você estava ali vibrante e irrequieta, um amor.

Se mexia tanto, brincando com meu coração.
Sozinha, te sentia no âmago da minha emoção.

O mundo estava aberto para te receber.
Você estava ansiosa, para o mundo conhecer.

Seu movimento natural me fez despertar.
Você se esticava e virava pra lá e pra cá, a brincar.

O caminho de saída querendo encontrar.
A dor chegou repentina, veio nos embalar.

Era sua luta para o novo mundo desbravar.
Você volta a se mexer, mais forte, sem parar.

A dor aumentava e a ansiedade me levava ao delírio.
Queria ver seu rosto, saber quem era você, meu colírio.

Uma mistura de dor e amor tão intenso invadia meu ser.
O ser que o meu corpo gerava eu queria conhecer.

A dor já não importava, era você que ávida eu queria.
Você chegou, feminina intensa como eu sentia.

Foram nove meses de cumplicidade construída.
A sororidade de uma vida inteira surgia ali nascida.

SU LLEGADA

Aquel día, me desperté feliz y sin dolor.
Estabas allí vibrante y vivaz, un amor.

Te movías tanto, jugando con mi corazón.
Sola, te sentía en el centro de mi emoción.

El mundo estaba abierto para recibirte.
Estabas ansiosa, para el mundo conocer.

Tu movimiento natural me hizo despertar.
Te estirabas y virabas para allá y para acá, jugando.

El camino de salida queriendo encontrar.
El dolor llegó repentino, nos vino a mecer.

Era tu lucha para el nuevo mundo desbravar.
Vuelves a moverte, más fuerte, sin parar.

El dolor aumentaba y la ansiedad me llevaba al delirio.
Quisiera ver tu rostro, saber quién eras tú, mi colirio.

Una mezcla de dolor y amor tan intenso invadía mi ser.
El ser que mi cuerpo engendraba yo quería conocer.

El dolor ya no importaba, era a ti a quien ávida yo quería.
Llegaste, femenina intensa como yo sentía.

Fueron nueve meses de complicidad construida.
La sororidad de una vida entera surgía allí nacida.

AMAR-FANHAR
Grazi Rosal

Amarfanhar-me em dobras.
Pelas dobras do tempo.
Pelas fibras dos lençóis.
No meticuloso *tic-tac* dos segundos
em que te ganho e me perco.
Em que te perco e me acho,
entre vapores e lembranças.
Daquele amor que dobrei
no envelope secreto da carta não lida, sanfonada feito leque.
Papel e amor amarfanhados.
Em vozes distantes e fanhas.
De meu eterno
amar
fanhar.

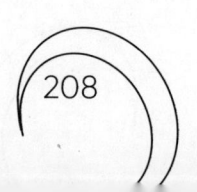

AMAR-GANGUEAR

Amarganguearme en pliegues.
Por los pliegues del tiempo.
Por las fibras de las sábanas.
En el meticuloso tic-tac de los segundos
en que te tengo y me pierdo.
En que te pierdo y me encuentro,
entre vapores y recuerdos.
De aquel amor que doblé
en el sobre secreto de la carta no leída, plegada como un abanico.
Papel y amor amargangueados.
En voces distantes y gangosas
De mi eterno
amar
ganguear.

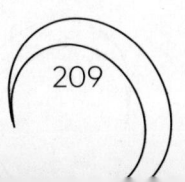

ESPERA

Grazi Rosal

Quanto tempo cabe no meu templo?
Templo que soergui
em paredes muito grossas
e que suas palavras fazem ruir.

As palavras de todos os seus tempos
De todos os seus templos
que se incendeiam de encontro a mim.

No meu templo arruinado,
um coração a cerzir.

Mas coração também é templo,
costurando-se em mágoas
e linhas de aço.
Quantos templos cabem no seu tempo?

ESPERA

¿Cuánto tiempo cabe en mi templo?
Templo que erguí
en paredes muy gruesas
y que tus palabras hacen caer.

Las palabras de todos tus tiempos
De todos tus templos
que se incendian cuando vienen a mi encuentro.

El mi templo arruinado,
un corazón que zurcir.

Mas corazón también es templo,
cosiéndose en resentimientos
y líneas de acero.
¿Cuántos templos caben en tu tiempo?

AMAR-ELO
Grazi Rosal

Amar o elo que enlaça
Que envolve a matéria
E é da cor do sol

Amarelo
Amar o elo
E o novo
Novo elo
Que novelo é também elo que enrosca
e prende

Em voltas e tramas
E repetidas circulares

Envolve, comove
E borda lembranças

Entre mandalas e avós.

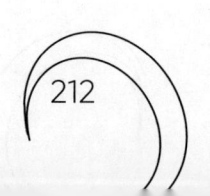

AMAR-HILO

Amar el hilo que enlaza
Que envuelve la materia
Y es del color del sol

Amarillo
Amar el hilo
Y lo nuevo
Nuevo hilo
Que madeja es también hilo que enrosca
y prende

En vueltas y tramas
Y repetidas circulares

Envuelve, conmueve
Y borda recuerdos

Entre mandalas y abuelas.

DOZE
Hal Paes

Me perco, me encontro
Me vejo onde não pensei estar.
Me disperso, me recolho
Encontro força pra continuar
Respiro, expiro, sigo
No enigma mais claro e
Na sabedoria mais vulgar
De tudo o que é,

Sem nenhuma razão especial de ser

Não hesito, cedo.
Me deixo levar,
Antes que seja tarde.

Para que a tarde seja,
Um poente infinito,
O despedir de um dia lindo,
Que não se repetirá

E que a linha do horizonte,
E suas formas inalcançáveis
Sejam da força, a fonte,
Para a noite que virá.

E nossa história então será,
Um plano inacabado em
Palavras não ditas.

Um ruidoso silêncio,
Que não nos deixa dormir.

Não reluto, o que já foi angústia,
Foi luto e resoluto,
Em que me despeço e peço,
Sigo a caminhar.

Esqueço memórias do que o futuro não foi.
Aceito plenamente o que o passado tem sido.
Sigo.
Sem glória, nem lamento,
Penso.
Aprendo

Sob escombros e lembranças,
Sem que ninguém se aventure ao resgate,
Sem chance de salvação.

DOCE

Me pierdo, me encuentro
Me veo donde no pensé estar.
Me disperso, me recojo
Encuentro fuerza para continuar
Respiro, expiro, sigo
En el enigma más claro y
En la sabiduría más vulgar
De todo lo que es,

Sin ninguna razón especial de ser

No titubeo, cedo.
Me dejo llevar,
Antes que sea tarde.

Para que la tarde sea,
Un poniente infinito,
El despedir de un día lindo,
Que no se repetirá

Y que la línea del horizonte,
Y sus formas inalcanzables
Sean de la fuerza, la fuente,
Para la noche que vendrá.

Y nuestra historia entonces será,
Un plan inacabado en
Palabras no dichas.

Un ruidoso silencio,
Que no nos deja dormir.

No me opongo, lo que ya fue angustia,
Fue luto y resoluto,
En que me despido y pido,
Sigo caminando.

Olvido las memorias de lo que el futuro no fue.
Acepto plenamente lo que el pasado ha sido.
Sigo.
Sin gloria, ni lamento,
Pienso.
Aprendo

Bajo escombros y recuerdos,
Sin que nadie se aventure al rescate,
Sin oportunidad de salvación.

INEXPRIMÍVEL
Hal Paes

"...é uma tentativa de dizer algo que não pode ser dito, de se arrojar contra os limites da linguagem"
Wittgenstein

No limite da palavra
Que teimosa insiste em falar
Sem palavra certa
Ou forma errada
Só uma seta,
A indicar
Vice-versa
O ininteligível,
O incognoscível,
Sentimento
Se falar tento...
...Balbucio
Persiste a vontade
Fica o cio
E na garganta
A palavra a entalar
Otorrinolaringologista
(essa é difícil de rimar)
Em seu exame registra
É impossível curar,
A doença desconhecida,

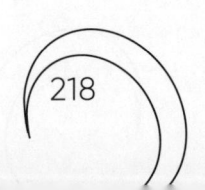

A solidão, a dor de amor,
Espinhela caída.
Perdoa-se o insucesso
Pois "o inexprimível estará —
Inexprimivelmente —
Naquilo que foi expresso"

INEXPRESABLE

> *"...es un intento de decir algo que no puede ser dicho,
> de arrojarse contra los límites del lenguaje"*
> Wittgenstein

En el límite de la palabra
Que obstinada insiste en hablar
Sin palabra cierta
O forma equivocada
Sólo una flecha,
Indicando
Viceversa
Lo ininteligible,
Lo incognoscible,
Sentimiento
Si hablar intento...
...Balbuceo
Persiste la voluntad
Queda el celo
Y en la garganta
La palabra presa
Otorrinolaringólogo
(esa es difícil rimar)
En su examen registra
Es imposible curar,
La enfermedad desconocida,

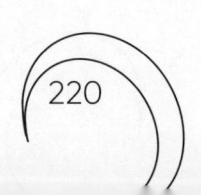

La soledad, el dolor de amor,
Espinazo caído.
Se perdona el fracaso
Pues "lo inexpresable estará —
Inexpresablemente —
En aquello que ha sido dicho"

DESALENTO
Heitor Benjamim

Eu sempre tive essa mania de querer ir embora.
Acabou a Festa de São Fidélis, eu quero ir embora com o parque de diversões.
A enchente chegou, quero ir embora descendo o Paraíba.
Eu sempre quero ir embora da escola depois do recreio.
O vento de Setembro chegou, quero ir embora com as pipas.
O circo desmontou, quero ir embora com os trapezistas.
A morte veio e sufocou a minha avó, eu quero ir embora com ela.
Aí tem hora, como agora... que me bate um arrependimento de nunca ter ido embora pra lugar algum.

DESALIENTO

Yo siempre tuve esa manía de querer irme.
Acabó la Fiesta de San Fidelio, me quiero ir con el parque de diversiones.
La inundación llegó, quiero irme bajando el Paraíba.
Siempre quiero irme de la escuela después del recreo.
El viento de Septiembre ha llegado, quiero irme con los papalotes.
El circo está desarmado, me quiero ir con los trapecistas.
La muerte vino y ahogó a mi abuela, me quiero ir con ella.
Hay horas, como ahora... en que me arrepiento de nunca haberme ido a ningún lugar.

A FANTASIA QUE GANHOU VIDA

Helenita Fernandes

À luz da lua cheia despertou o Pierrot
Sem um corpo, mas com vida
Quem teria sido o pivô?
Sem saber, busca a saída

Algo lhe diz que essa magia
Toda essa energia
Pouco tempo duraria
Foge então a fantasia

Busca sua Colombina
Um platônico sentimento
Sua doce menina
Esse é o seu alento

E o tempo se esgota
A noite dá lugar ao dia
No barracão agora nota
Está de volta como sabia

No desfile fantasias brilham
Porta-bandeira e mestre-sala
Em harmonia compartilham
O amor que não se cala

E o Pierrot afinal
Pode então se declarar
No desfile de carnaval
Colombina foi seu par

LA FANTASÍA QUE GANÓ VIDA

A la luz de la luna despertó a Pierrot
Sin un cuerpo, pero con vida
¿Quién habría sido el pivote?
Sin saber, busca la salida

Algo le dice que esa magia
Toda esa energía
Poco tiempo duraría
Huye entonces la fantasía

Busca a su Colombina
Un plantónico sentimiento
Su dulce niña
Ese es su aliento

Y el tiempo se agota
La noche da lugar al día
En el barracón ahora nota
Está de vuelta como sabía

En el desfile fantasías brillan
Portaestandarte y maestro de ceremonias
En armonía comparten
El amor que no se calla

Y Pierrot al fin
Se puede entonces declarar
En el desfile de carnaval
Colombina fue su par

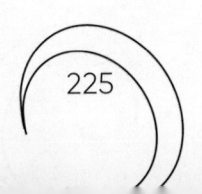

FORÇA
Henrique Polli

Hoje conheci uma guerreira.
O aspecto é frágil;
Os movimentos delicados e graciosos;
O rosto de boneca e o jeito de bailarina;
O olhar tinha medo banhado em lágrimas;
O coração manchado de tinta, tinha um punhal;
Mas a coragem e a força que só eu vi,
foram inacreditáveis e inspiradoras,
assim como muitos outros exemplos
que ela já me deu para seguir em frente,
lutar e vencer;
Tenho orgulho de poder fazer parte da vida dela
e entender que o amor vence sempre;
Hoje conheci uma guerreira de verdade.

FUERZA

Hoy he conocido a una guerrera.
Su apariencia es frágil;
Sus movimientos delicados y gráciles;
La cara de una muñeca y los modales de una bailarina;
Una mirada de miedo bañada en lágrimas;
Su corazón estaba manchado de tinta, tenía una daga;
Pero el coraje y la fuerza que sólo yo vi,
fueron increíbles e inspiradores,
al igual que los muchos otros ejemplos
que me ha dado para seguir adelante,
luchar y vencer;
Estoy orgulloso de haber podido formar parte de su vida
y de entender que el amor siempre vence;
Hoy he conocido a una verdadera guerrera.

POSSESSÃO
Hilda Chiquetti Baumann

Quando dei por mim
Meu amor
Tinhas tomado posse do meu coração
Tinhas te apoderado da minha carne
Tinhas invadido a minha alma
Tinhas tomado meu sangue
Tinhas bebido o meu espírito
Quando dei por mim
Eu já te pertencia
Não que tenha sido conquistada
Foi pura invasão
Sem cobranças
Com fases felizes
Quando dei por mim
O sol estava quase se pondo
Restavam-me os últimos segundos de luz
Então, sentindo que agora a minha vida é tua
Nada tenho a dizer. A não ser
Quando dei por mim...!

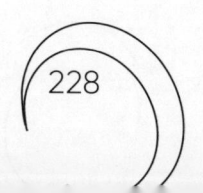

POSESIÓN

Cuando me di cuenta
Mi amor
Habías tomado mi corazón
Te habías apoderado de mi carne
Habías invadido mi alma
Había tomado mi sangre
Habías bebido mi espíritu
Cuando me di cuenta
Ya te pertenecía
No que haya sido conquistada
Fue pura invasión
Sin cobranzas
Con fases felices
Cuando me di cuenta
El sol casi se ponía
Me quedaban los últimos segundos de luz
Entonces, sintiendo que ahora mi vida es tuya
Nada tengo que decir. A no ser
¡Cuando me di cuenta...!

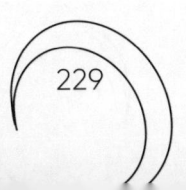

NIDAR
Irene Genecco de Aza

Para além da minha pele tem um ninho.
Meu invólucro cósmico,
minha uterina forma onde se conforma
um corpo que nunca é o que os olhos veem,
mas entrada para um sagrado solo.
Estou sempre a ser gerada, a ser nascida,
a ser crescida e retornada para o começo.
Sempre soprada por,
guiada por,
tecida por.
Sou efeito e busco a causa.
Busco quem constrói
e quem medeia a preposição.
O meu oleiro, o meu primeiro
e o meu último suspiro,
numa terra de respiros finitos,
mares turbulentos,
onde infinito é meu barco.

ANIDAR

Más allá de mi piel hay un nido.
Mi envoltorio cósmico,
mi uterina forma donde se conforma
un cuerpo que nunca es lo que los ojos ven,
sino entrada hacia un sagrado suelo.
Estoy siempre siendo engendrada, naciendo,
creciendo y regresando al principio.
Siempre soplada por,
guiada por,
tejida por.
Soy efecto y busco la causa.
Busco a quien construye
y quien media la preposición.
Mi alfarero, mi primero
y mi último suspiro,
en una tierra de soplos finitos,
mares turbulentos,
donde infinito es mi barco.

PRISÃO
Isabel Carneiro de Almeida

Parece que nós fomos arrastados, por uma série de acontecimentos!
E, tentando sobreviver, fomos nos agarrando ao que podíamos!
Tudo veio como uma enxurrada, carregando tudo pela frente,

Nos prendendo dentro de uma bolha!
E, dentro dessa bolha... na qual estamos presos,
Vamos ora surfando, ora nadando!
Buscando encontrar: uma gotinha de felicidade;

Uma gotinha de prazer!
Qualquer pequena coisa nos serve:
Uma flor colorida; um pássaro;
Uma abelha, que pousou na flor;
Uma conversa aleatória com um amigo...
Umas gargalhadas avulsas com a irmã!

Qualquer coisa, que atice nossa curiosidade, e nos tire do caos!
Uma simples gota de orvalho; o pulsar do coraçãozinho do cãozinho,

Que se esvai, na sua última idade!

Uma doce palavra amiga, em meio a tantos esbravejos algozes!
Dor, dor, dor... silêncio; escuridão; soluçar; solidão!
Estamos em uma bolha, de paredes invisíveis!
A qualquer momento... ela pode se romper!
E, aí, nem sei dizer... onde tudo isso vai parar!

PRISIÓN

¡Parece que fuimos arrastrados por una serie de acontecimientos!
¡E, intentando sobrevivir, nos fuimos agarrando a lo que podíamos!
Todo vino como una avalancha, llevándose todo por delante,

¡Prendiéndonos dentro de una burbuja!
Y, dentro de esa burbuja... en la que estamos presos,
¡Vamos ora surfando, ora nadando!
Buscando encontrar: una gotita de felicidad;

¡Una gotita de placer!
Cualquier cosa pequeña nos sirve:
Una flor colorida; un pájaro;
Una abeja, que se ha posado en la flor;
Una conversación aleatoria con un amigo...
¡Unas carcajadas sueltas con la hermana!

¡Cualquier cosa, que atice nuestra curiosidad, y nos saque del caos!
Una simple gota de rocío; el pulsar del corazoncito del perrito,

¡Que se desvanece, en su última edad!

¡Una dulce palabra amiga, en medio a tanto vocerío feroz!
¡Dolor, dolor, dolor... silencio; oscuridad; sollozar; soledad!
¡Estamos en una burbuja, de paredes invisibles!
A cualquier momento... ¡se puede romper!
Y, entonces, no sé qué decir... ¡adónde todo esto va a parar!

INTENSAMENTE

Isabel Gemaque

Quando mergulho neste mar sem fim, no mar de letras,
Muitas correntes a ti me levam em rota certa,
Vejo muitas portas da língua portuguesa,
Mas escolho sempre a tua, tão bela e tão aberta.

Nessa tua escrita de linha assim rasteira,
Com coração muito grande, de poeta,
Eu desabrocho e me revelo inteira,
Desaguando em ti o meu amar de lisboeta.

Perdão pelas lágrimas que brotam impetuosas,
É que na poesia sinto tudo intensamente,
Quem se mantém firme em tarefa tão tortuosa?
Quem não chora é porque sentiu demais e agora mente!

Eu já nem me importo em me mostrar, me derreter...
No lindo pulsar da vida, sentir nada é o que me faz sofrer.

INTENSAMENTE

Cuando me sumerjo en este mar sin fin, en el mar de letras,
Muchas corrientes a ti me llevan, en ruta cierta,
Veo muchas puertas de la lengua portuguesa,
Mas escojo siempre la tuya, tan bella y tan abierta.

En esta tu escritura de línea así rastrera
Con corazón muy grande, de poeta,
Me abro y me revelo entera,
Desaguando en ti mi amor de lisboeta.

Perdón por las lágrimas que brotan impetuosas,
Es que en la poesía siento todo intensamente,
¿Quién se mantiene firme en tarea tan tortuosa?
¡Quien no llora es porque ha sentido demasiado y ahora miente!

Ya no me importa mostrarme, derretirme...
En el lindo pulsar de la vida, sentir nada es lo que me hace sufrir.

TEMPO DE FLORESCER

Isabella H. Demari

Tempo de mudar.
Tempo de transformar.
Tempo de transmutar. Ar, Amor, em Ação.

Tempo de aprender.
Tempo de se conhecer.
Tempo de se reconectar.

Tempo de crescer.
Tempo de renascer.
Tempo de redescobrir.

Tempo de tentar.
Tempo de errar.
Tempo de explorar.

Tempo de soltar.
Tempo de voar.
Tempo de recomeçar.

Tempo de aceitar.
Tempo de confiar.
Tempo de entregar.

Tempo de presença.
Tempo de contemplação.
Tempo de plenitude.
Tempo de libertação.

Tempo para SER. Tempo para ESTAR. Tempo para VIVER.

O aqui, o agora, o eterno, o presente.

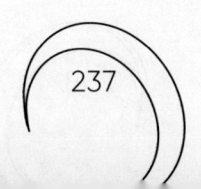

TIEMPO DE FLORECER

Tiempo de cambiar,
Tiempo de transformar.
Tiempo de transmutar. Aire, Amor, en Acción.

Tiempo de aprender.
Tiempo de conocerse.
Tiempo de reconectarse.

Tiempo de crecer.
Tiempo de renacer.
Tiempo de redescubrir.

Tiempo de intentar.
Tiempo de equivocarse.
Tiempo de explorar.

Tiempo de soltar.
Tiempo de volar.
Tiempo de recomenzar.

Tiempo de aceptar.
Tiempo de confiar.
Tiempo de entregar.

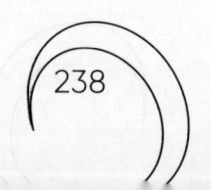

Tiempo de presencia.
Tiempo de contemplación.
Tiempo de plenitud.
Tiempo de liberación.

Tiempo para SER. Tiempo para ESTAR. Tiempo para VIVIR.

El aquí, el ahora, lo eterno, el presente.

TEMPO DE QUALIDADE
Isis Paiva

Como a vida é engraçada, em um dia estava ao seu lado e pouco lhe enxergava, era curioso o seu sorriso e nada além disso.
Já hoje, senti que você mergulhava no meu afago como uma flor que se fecha para adormecer, como relaxa, para bem dizer.
A brisa suave tocava nossa pele e o prazer de te ver sorrir repele o estresse que uma vez senti.
Olhei para os seus olhos e por um vislumbre encontrei em você o desejo que gostaria de sentir por mim.
Engraçada é a vida ao perceber que a calmaria do mar, também pode ser a calmaria de conversar com você.
Já percebi que a água sobre a qual navego é repleta de agitação, não ligo, gosto do perigo de facilmente me perder em sua mão.
O barulho do mar, invade a cena e ecoa na minha mente por alguns minutos, me perdi e me encontrei novamente na gente.
Vida, a danada já me alertou! Mar agitado leva embora pescador, mas eu não pego peixe, pego sua palavra no ar e transformo ela em poesia para provar que não sei o que é amar.

TIEMPO DE CALIDAD

Como la vida es graciosa, un día estaba a tu lado y poco te notaba, era curiosa tu sonrisa y nada más que eso.
Ya hoy, sentí que te sumergías en mi afecto como una flor que se cierra para dormir, relajada, a decir verdad.
La brisa suave tocaba nuestra piel y el placer de verte sonreír repele el estrés que una vez sentí.
Miré tus ojos y en un vislumbre encontré en ti el deseo que me gustaría sentir por mí.
Graciosa es la vida al percibir que la calma del mar también puede ser la calma de conversar contigo.
Ya percibí, que el agua sobre la cual navego está repleta de agitación, no me importa, me gusta el peligro de fácilmente perderme en tu mano.
El barullo del mar, invade la escena y resuena en mi mente por algunos minutos me perdí y me encontré nuevamente en nosotros.
¡Vida, la traviesa ya me avisó! El mar agitado se lleva al pescador, pero yo no cojo peces, cojo tu palabra en el aire y la transformo en poesía para probar que no sé lo que es amar.

EM PENSAMENTO
Ivan Lyran

Desfalecido corpo meu, já calejado de mágoas profundas, muitas e ininterruptas, dos amores que nunca tive, pois só os tive em pensamento.

Nunca provei do aroma dos teus unguentos, ó flor do cerrado, de sal, meu sol divino e encantado, nem mesmo sei dizer do gosto da saliva presente em teus beijos, se doce ou amarga, mera quimera que minh'alma cansada carrega.

Desvanecido corpo meu, já versado em solitude inveterada, vasta e perpétua, dos amores que nunca tive, pois só os tive em pensamento.

Nunca provei do aroma de teus lençóis, ó flor de primavera, meu mel, minha lua divina e iluminada, nem mesmo sei dizer do gosto do suor presente em teu leito, se doce ou amargo, porra-louquice de um coração rasgado.

Eu não cheirei o teu suor, nem bebi dos teus unguentos. Nem sei do aroma do teu beijo, tampouco provei do teu leito, eu só os tive em pensamento e só os terei em pensamento.

EN PENSAMIENTO

Desfallecido cuerpo mío, ya curtido de rencores profundos, muchos e ininterrumpidos, de los amores que nunca he tenido, pues sólo los tuve en pensamientos.
Nunca he probado el aroma de tus ungüentos, oh flor del cerrado, de sal, mi sol divino y encantado, ni siquiera sé decir del gusto de la saliva presente en tus besos, si dulce o amargo, mera quimera que mi alma cansada lleva.
Desvanecido cuerpo mío, ya versado en soledad inveterada, vasta y perpetua, de los amores que nunca he tenido, pues sólo los tuve en pensamiento.
Nunca he probado el aroma de tus sábanas, oh flor de primavera, mi miel, mi luna divina e iluminada, ni siquiera sé decir del gusto del sudor presente en tu cama, si es dulce o amargo, locura de un corazón rasgado.
No he olido tu sudor, ni bebido de tus ungüentos. Ni sé del aroma de tu beso, tampoco he probado tu lecho, sólo los tuve en pensamiento y sólo los tendré en pensamiento.

HAIKAI
Ivete Cunha Borges

uma grande lua
a descortinar em luz
o céu cinzento

                                o lago reflete
                                as cerejeiras em flor
                                frio entardecer

sopro azul das nuvens
em largo riso espontâneo
ardente verão

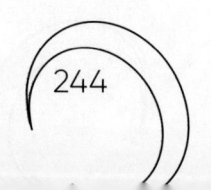

HAIKÚ

*una gran luna
descortinando en luz
el cielo ceniciento*

*el lago refleja
los cerezos en flor
frío atardecer*

*soplo azul de las nubes
en larga risa espontánea
ardiente verano*

PERSPECTIVAS
Janilson Sales

Em cada verso escrito
um universo descrito
com sentimentos e verbos.

Em cada vida vivida
há um ser que revida
as intempéries reais.

Em cada passo na estrada
há um compasso marcado
pela urgência da missão.

Em cada fruta servida
há um desfrutar dos sabores
a depender dos paladares.

Em cada estrela cadente
há uma luz decadente
que há anos-luz existia.

Em cada feijão colhido
prenúncio de feijoada
num cardápio cultural.

Em cada marcha real
há um mover surreal
no peito de uma nação.

PERSPECTIVAS

En cada verso escrito
un universo descrito
con sentimientos y verbos.

En cada vida vivida
hay un ser que revida
las intemperies reales.

En cada paso en la estrada
hay un compás marcado
por la urgencia de la misión.

En cada fruta servida
hay un disfrutar de los sabores
dependiendo de los paladares.

En cada estrella fugaz
hay una luz decadente
que hace años luz existía.

En cada frijol recogido
presagio de feijoada
en un menú cultural.

En cada marcha real
hay un mover surreal
en el pecho de una nación...

MATADEIRO

Jéssica Goulart Urbano

Transpiro no mar
tudo aquilo que já
não cabe mais na minha alma
Para o vento abro minha nudez
E nas pedras minha força
No sol deixo minha palidez
Nas ondas e no verde-mar
meus lutos.
No caminho,
sem saber o que vem
...meu destino.

MATADERO

Transpiro en el mar
todo lo que ya
no cabe en mi alma
Para el viento abro mi desnudez
Y en las piedras mi fuerza
En el sol dejo mi palidez
En las olas y en el verde del mar
mis lutos.
En el camino,
sin saber lo que vendrá
...mi destino.

O UNIVERSO ME FEZ SER ASSIM

Jéssica Sousa

O universo me faz lembrar constantemente do passado
De como eu era, das pessoas que conheci através de minhas mentiras que foram se tornando uma bola de neve, que acabou caindo em um buraco sem fim

O universo me faz lembrar de como era bom amar, sem se preocupar com brigas e traições mais tudo era um sonho que eu quis que fosse real

O universo me fez ter medo da vida, de entregar meu coração, de escrever poesias em folhas de papel que nunca seriam lidas

O universo era meu amigo e aos poucos se tornou meu inimigo
Eu não entendo o porquê e nem quero saber
Só sei que a vida é uma bela melodia para os músicos e uma bela poesia para os loucos de amor, os de corações partidos que foram consumidos pela dor.

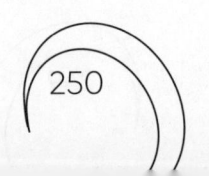

EL UNIVERSO ME HIZO SER ASÍ

*El universo me hace recordar constantemente el pasado
Cómo yo era, las personas que conocí a través de mis mentiras que se fueron transformando en una bola de nieve, que acabó cayendo en un hueco sin fin*

El universo me hace recordar cómo era bueno amar, sin preocuparme con peleas y traiciones, mas todo era un sueño que quise que fuera real

El universo me hizo sentir miedo de la vida, de entregar mi corazón, de escribir poesías en hojas de papel que nunca serían leídas

*El universo era mi amigo y poco a poco se convirtió en mi enemigo
No entiendo el porqué y no quiero saber
Sólo sé que la vida es una bella melodía para los músicos y una bella poesía para los locos de amor, los de corazones partidos que fueron consumidos por el dolor.*

NINGUÉM...

João Júlio da Silva

Quem estará pensando em mim?
Sentindo saudades, paixão?
Quem?
Dúvidas solitárias ocupando o vazio do quarto.
No silêncio das paredes está a resposta dolorida:
Ninguém...

Estou náufrago dentro de mim,
mar de lágrimas, deserto molhado
queimando de sede!
Ondas batem nas rochas da alucinação
emitindo um som brutal
com eco de morte:
Ninguém...

Quem resgatará minha vida?
Quando o barco do amor me encontrará?
Quem virá me buscar?
As ondas batem na rochas:
Ninguém...

Pelas paredes brancas do quarto sombrio,
um corvo maldito grita
que há quatro folhas por escrever,
lágrimas derramam numa só palavra,
eco da solidão no universo:
Ninguém...

NADIE...

¿Quién estará pensando en mí?
¿Sintiendo nostalgia, pasión?
¿Quién?
Dudas solitarias ocupando el vacío del cuarto.
En el silencio de las paredes está la respuesta dolorida:
Nadie...

Soy náufrago de mí,
mar de lágrimas, desierto mojado
¡quemando de sed!
Las olas golpean las rocas de la alucinación
emitiendo un sonido brutal
con eco de muerte:
Nadie...

¿Quién rescatará mi vida?
¿Cuándo el barco del amor me encontrará?
¿Quién vendrá a buscarme?
Las olas golpean las rocas:
Nadie...

Por las paredes blancas del cuarto sombrío,
un cuervo maldito grita
que hay cuatro hojas por escribir,
lágrimas se derraman en una sola palabra,
eco de la soledad en el universo:
Nadie...

CONSTELAÇÕES

Jonatas Perote

Ao olhar perdidamente para o céu
E contemplar a vastidão do universo
Dois corpos queimam em paixão
E do fogo surgem doces versos

São mãos, bocas, respirações
Que ficam abaixo de qualquer teto
E quando olham embriagados para cima
Veem-se somente no amor seu sucesso

Dois seres perdidos no tempo
Que não compreendem como
Dentre bilhões escolheram-se.

E seguem rumando ao firmamento
Como namorados com fogo eterno...
Eternos, presos na matéria e no momento!

CONSTELACIONES

Al mirar perdidamente el cielo
Y contemplar la vastedad del universo
Dos cuerpos se queman de pasión
Y del fuego surgen dulces versos

Son manos, bocas, respiraciones
Que están debajo de cualquier techo
Y cuando miran embriagados hacia arriba
Ven solamente en el amor su triunfo

Dos seres perdidos en el tiempo
Que no comprenden cómo
Entre billones se han escogido.

Y siguen rumbo al firmamento
Como enamorados con fuego eterno...
¡Eternos, presos en la materia y en el momento!

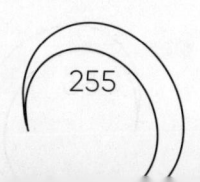

CÉU AZUL

Jorge Antonio Salem

Olhe para o céu! Veja que cor azul, está a se apresentar.
Um céu de brigadeiro, sem guerrilhar.
É melhor descrever para você acreditar.
Às vezes vejo uma nuvem branca a passar.
Olho melhor e vejo bem longe uns passarinhos a voar.
O que mais do céu posso falar?
Passam algumas horas e a noite vem a chegar.
Primeiro uma estrela com sua graça a se apresentar.
Às vezes a lua refletindo a luz pelo céu a passear.
E as horas estão a passar.
Que perfeição essa obra que o Criador fez para nos alegrar.
Não seja uma pessoa que deixa tudo isso passar.
Sem que venha perceber, você vai gostar.
Pare tudo o que está a fazer!
Você precisa perceber.
Como é maravilhoso isso que estamos a receber.

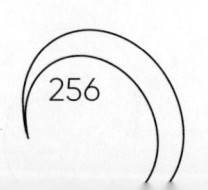

CIELO AZUL

¡Mira el cielo! Observa el azul que está apareciendo.
Un cielo límpido, sin guerrillear.
Es mejor describirlo para que lo creas.
A veces veo una nube blanca pasar.
Miro mejor y veo a lo lejos unos pajaritos volando.
¿Qué más del cielo puedo hablar?
Pasan algunas horas y la noche va a llegar.
Primero, una estrella con su gracia se presenta.
A veces la luna reflejando la luz por el cielo pasea.
Y las horas pasando están.
Que perfección esa obra que el Creador hizo para alegrarnos.
No seas una persona que deja todo esto pasar.
Sin que te des cuenta, te va a gustar.
¡Para todo lo que estás haciendo!
Necesitas verlo.
Como es maravilloso esto que estamos recibiendo.

O CASULO E A BORBOLETA
José Antonio Ramos Torres

Me arrasto em busca de mim mesmo;
O que me esperará mais à frente?
Qual será o meu destino?
Possuo muitas dúvidas,
Mas também desejos e metas;
Sim, tenho perspectivas e objetivos;
Embora tendo total consciência de mim,
Sinto que falta algo;
Estou incompleto...
E assim, sigo me arrastando...
Sinto algo muito forte em meu íntimo;
Isso me impulsiona a não desistir;
Intuo algo grandioso e que faz valer a pena o meu rastejar;
Mais um pouco... mais à frente... sigo.
O grande momento se aproxima...
Me recolho em meu interior, meu casulo.
Conhecimentos adquiridos...
Sentimentos intensamente vividos,
Alegrias... decepções... amores... realizações.
A transformação se processa lentamente e se realiza;
Sou recompensado pela persistência;
Meu espírito está livre e radiante
Como uma linda borboleta.

EL CAPULLO Y LA MARIPOSA

Me arrastro en busca de mí mismo;
¿Qué me esperará más adelante?
¿Cuál será mi destino?
Tengo muchas dudas,
Mas también deseos y metas;
Sí, tengo perspectivas y objetivos;
Aunque teniendo total consciencia de mí,
Siento que algo falta;
Estoy incompleto...
Y así, me sigo arrastrando...
Siento algo muy fuerte dentro de mí;
Eso me impulsa a no desistir;
Intuyo algo grandioso y que hace valer la pena mi arrastrar;
Un poco más... más adelante... sigo.
El gran momento se aproxima...
Me recojo en mi interior, mi capullo.
Conocimientos adquiridos...
Sentimientos intensamente vividos,
Alegrías... decepciones... amores... realizaciones.
La transformación se procesa lentamente y se realiza;
Me recompensa la persistencia;
Mi espíritu está libre y radiante
Como una linda mariposa.

INFÂNCIA
José Julio de Azevedo

De onde eu possa estar,
desde breves momentos de alegria,
nas tristezas das circunstâncias,
posso olhar pelas frestas do passado
e reencontrar o menino que fui.
Valente, covarde ou sonhador,
ao lado de meu pai, minha mãe e irmãos,
na casa de meus avós, no outro lado da rua.
Posso sentir o vigor daqueles anos de ouro.
Herói, cowboy ou espadachim.
A imagem daquele menino inquieto como o vento,
desde as brumas do tempo, vem a mim.
Embalada em sonhos e mistérios.
Viagens a pé, ruas descalças, pomares, cafezais.
Nas braçadas, riachos, nossa turminha peralta.
Liberdade sem fim, girando que nem pião.
Nas matinês do Cine Universo, na oficina do pai,
sob o calor da família reunida à mesa.
Fogão de lenha, café, bolo de mandioca, a oração.
De qualquer lugar posso admirar
aquele menino sem camisa, de asas abertas,
curioso, conhecendo o mundo e as letras
sob revoadas das andorinhas, chegando do Norte.

Varetas de bambu, papel de seda,
pássaros de papel chegando ao azul do céu.
Posso ver aquele menino na carteira escolar,
dentro do guarda-pó, desenhando a lápis
as primeiras letras de uma história sem fim.

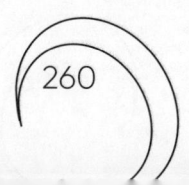

INFANCIA

Desde donde pueda estar,
desde breves momentos de alegría,
en la tristeza de las circunstancias,
puedo mirar por las grietas del pasado
y reencontrar al niño que fui.
Valiente, cobarde o soñador,
al lado de mi padre, mi madre y hermanos,
en la casa de mis abuelos, del otro lado de la calle.
Puedo sentir el vigor de aquellos años de oro.
Héroe, cowboy o espadachín.
La imagen de aquel niño inquieto como el viento,
desde las brumas del tiempo, viene a mí.
Envuelta en sueños y misterios.
Viajes a pie, calles descalzadas, huertos, cafetales.
En las brazadas, arroyos, nuestro grupito travieso.
Libertad sin fin, girando como un trompo.
En las matinés del Cine Universo, en el taller de papá,
bajo el calor de la familia reunida a la mesa.
Fogón de leña, café, pastel de mandioca, la oración.
Desde cualquier lugar puedo admirar
a aquel niño sin camisa, de alas abiertas,
curioso, conociendo el mundo y las letras
bajo bandadas de golondrinas, llegando del Norte.

Varillas de bambú, papel de seda,
pájaros de papel llegando al azul del cielo.
Puedo ver a aquel niño en el pupitre escolar,
con su guardapolvos, dibujando con lápiz
las primeras letras de una historia sin fin.

INFINITIVO
José Sasek

É preciso que a poesia vire verbo
encarne nossas entranhas
movendo moinhos
abrindo estradas
rompendo limites.
Poetizar é preciso!
Poetizar encontros e falas
poetizar trabalho e lazer
poetizar perdas e conquistas
poetizar tristezas e alegrias
poetizar a vida e a morte enfim.
A poesia feito verbo
unifica o que divide
liberta o que está preso
reconstrói ruínas
ilumina escuridões
ecoa vozes interiores
desperta inércias paralisantes
abre janelas, cria vida.
A poesia se fez verbo, se conjugou entre nós
de qualquer modo, em qualquer tempo.

INFINITIVO

Es necesario que la poesía se haga verbo
encarne nuestras entrañas
moviendo molinos
abriendo caminos
rompiendo límites.
¡Poetizar es preciso!
Poetizar encuentros y charlas
poetizar trabajo y ocio
poetizar pérdidas y conquistas
poetizar tristezas y alegrías
poetizar la vida y la muerte en fin.
La poesía hecha verbo
unifica lo que divide
libera lo que está preso
reconstruye ruinas
ilumina oscuridades
resuena voces interiores
despierta inercias paralizantes
abre ventanas, crea vida.
La poesía se hizo verbo, se conjugó entre nosotros
de cualquier modo, en cualquier tiempo.

É MAIS DO QUE REAL
Juliana Deoldoto

A noite veio e com ela trouxe uma estrela a brilhar,
Um pedido eu fiz para um sonho se realizar.
O tempo passou e quando menos esperei,
Você se aproximou e um amigo conquistei.

Quando meu coração estava machucado,
Você apareceu com seu jeito delicado.
Trazendo consigo palavras de conforto
E em pouco tempo reviveu algo que dentro de mim estava morto.

Foram conversas e trocas de experiências
Sentimentos e confidências.
Em pouco tempo a amizade cresceu,
E vi você se tornando meu.

Hoje, você é meu sonho,
Aquele que rege e cuida,
Que ama e protege,
Que acalenta e conforta.

Você se tornou meu refúgio e minha fortaleza,
Meu ombro amigo e defesa.
Milhas e milhas nos separam,
Porém a distância não será um empecilho para aqueles que amam.

O mundo precisa ouvir a sua voz e composições,
Pois você escreve com a alma, sentimentos e emoções.
Agradeço aquela estrela que tinha um brilho magistral,
Pois transformou meu pedido em um sonho real.

ES MÁS QUE REAL

La noche llegó y con ella trajo una estrella brillando,
Un pedido hice para un sueño realizar.
El tiempo pasó y cuando menos lo esperé,
Te acercaste y un amigo conquisté.

Cuando mi corazón estaba lastimado,
Apareciste con tu modo delicado.
Trayendo contigo palabras de aliento
Y en poco tiempo revivió algo que dentro de mí estaba muerto.

Fueron charlas e intercambios de experiencias
Sentimientos y confidencias.
En poco tiempo la amistad creció,
Y te vi haciéndote mío.

Hoy, eres mi sueño,
Aquel que rige y cuida,
Que ama y protege,
Que calienta y conforta.

Te has vuelto mi refugio y mi fortaleza,
Mi hombro amigo y defensa.
Millas y millas nos separan,
Sin embargo, la distancia no será impedimento para aquellos que se aman.

El mundo necesita oír tu voz y composiciones,
Pues escribes con el alma, sentimientos y emociones.
Agradezco aquella estrella que tenía un brillo magistral,
Pues transformó mi pedido en un sueño real.

EM QUE CORAÇÃO CONFIASTE O TEU SEGREDO?

Kátia Cairo

Se arrancaram de ti os teus olhos, a tua voz, os teus sonhos, a tua esperança e a tua alegria... sabes bem que já te cortaram as asas e não te foi possível impedir. Puxaram furtivamente o tapete, bem debaixo dos teus pés, quando não mais havia chão... nem razão.

Vives agora sozinho a vagar sem rumo, sem motivação... finges que te consolam uma magra rotina habitual, teus disfarces, tolices e frivolidades...
Te enganas ao pensar que as aparências podem ocultar as cores esmaecidas da tua realidade — tua vida de faz-de-conta é verniz falso e brilhante... teu espelho não mente e sabes tu também a verdade...

... sabes que perdeu-se no horizonte aquele teu olhar vivo e arguto... este sorriso triste que hoje se vê estampado em tua face já não é o teu, não é o mesmo de ontem... calou-se, indignada, a tua voz... sufocaste no peito tuas dores, tuas mágoas, dissabores... teus apegos, anseios e temores...
Perdeste lamentavelmente parte da tua liberdade, mas preservaste, obstinadamente, a tua essência!

Em que coração confiaste o teu segredo?

¿A QUÉ CORAZÓN CONFIASTE TU SECRETO?

Si te arrancaran tus ojos, tu voz, tus sueños, tu esperanza y tu alegría... sabes bien que ya te han cortado las alas y no has podido impedirlo. Halaron furtivamente el tapete, bien debajo de tus pies, cuando no había más suelo... ni razón.

Vives ahora solo vagando sin rumbo, sin motivación... finges que te consuelan una magra rutina habitual, tus disfraces, tonterías y frivolidades...
Te engañas al pensar que las apariencias pueden ocultar los colores desvaídos de tu realidad — tu vida de fingimiento es barniz falso y brillante... tu espejo no miente y sabes tú también la verdad...

... sabes que se ha perdido en el horizonte aquella tu mirada viva y perspicaz... esta sonrisa triste que hoy se ve estampada en tu rostro ya no es la tuya, no es la misma de ayer... se ha callado, indignada, tu voz... ahogaste en el pecho tus dolores, sinsabores... tus afectos, anhelos y temores...
¡Has perdido lamentablemente parte de tu libertad, pero has preservado, obstinadamente, tu esencia!

¿A qué corazón has confiado tu secreto?

POR QUE TU ME NEGAS?
Kátia Cairo

Por que tu me negas o teu sorriso belo e maroto?
se preciso conter o pranto, aquietar a lembrança
de tudo e tanto que não vivi...

Por que tu me negas o som vibrante da tua voz?
se teu canto disfarça a dor, esconde o medo, acolhe a
saudade... a felicidade também...

Por que tu me negas a luz que vem do teu olhar?
se o teu brilho revela a alma, a cor e a calma
o desejo pulsante no coração...

Por que tu me negas em ti poder ser e viver?
se é tua a face do espelho que me reflete
e em mim espelha a luz da tua imagem...

Por que tu me negas o sol, as estrelas e o luar?
se noites insones e frias, varando dias vazios
quero ser abrigo... um colo... compartilhar...

Ah!... o perfume do amor!...

¿POR QUÉ TÚ ME NIEGAS?

¿Por qué tú me niegas tu sonrisa bella y pícara?
si necesito contener el llanto, aquietar el recuerdo
de todo y tanto que no he vivido...

¿Por qué tú me niegas el sonido vibrante de tu voz?
si tu canto disfraza el dolor, esconde el miedo, acoge
añoranza... la felicidad también...

¿Por qué me niegas la luz que viene de tu mirada?
si tu brillo revela el alma, el color y la calma
el deseo pulsante en el corazón...

¿Por qué me niegas en ti poder ser y vivir?
si es tuyo el rostro del espejo que me refleja
y en mí espejea la luz de tu imagen...

¿Por qué me niegas el sol, las estrellas y el claro de luna?
si de noches insomnes y frías, atravesando días vacíos
quiero ser refugio... un regazo... compartir...

¡Ah!... ¡el perfume del amor!...

SOMENTE MESMO O AMOR
Laelder de Souza

São tantas as vezes que se sente cansado
Que vem o pensamento forte de tudo desistir
Crendo evitando com isso o pior
Mas haverá algo que ficará do seu lado
Esteja-se seja lá como for
Fazendo com que adiante se possa prosseguir.

Naquelas horas de intensa escuridão
Onde se procura apoio para encontrar uma luz
Sentindo um toque de si sobre si próprio
Sentindo que tudo ao abismo conduz
Sentirás um consolo em teu opróbrio
Sendo quem te estende a mão.

Haverá dias felizes muitos contigo estarão
Onde nem todos para isso nada fizeram
Mas dessa hora querem desfrutar.
No entanto, tudo acaba logo embora vão.
É que somente algo pode ficar
Onde tantos amigos não eram.

E outra vez arrebentar mais uma tempestade
E sobre o frio procurar outra vez um abrigo
Somente para sentir proteção seja como for
Sentirás que em teu sonho ou na realidade
Algo que sempre permaneceu contigo
Somente mesmo o amor.

SOLAMENTE EL AMOR

Son tantas las veces en que uno se siente cansado
Que viene con fuerza el pensamiento de desistir de todo
Creyendo evitar con eso lo peor
Pero habrá algo que quedará contigo
No importa como estés
Haciendo que adelante se pueda proseguir.

En aquellas horas de intensa oscuridad
Donde se busca apoyo para encontrar una luz
Sintiendo un toque de sí sobre sí mismo
Sintiendo que todo al abismo conduce
Sentirás un consuelo en tu oprobio
Siendo quien te brinda la mano.

Habrá días felices muchos contigo estarán
Donde no todos para eso algo han hecho
Mas de esa hora quieren disfrutar.
Sin embargo, todo acaba pronto se van.
Es que solamente algo puede quedar
Donde tantos amigos no lo eran.

Y que otra vez estalle otra tempestad
Y que sobre el frío busque otra vez un refugio
Sólo para sentir protección sea como sea
Sentirás que en tu sueño o en la realidad
Algo que siempre ha estado contigo
Solamente el amor.

E ELAS ERAM LINDAS
Leticia Fonseca

Quando tu foste embora
Eu olhei para as luzes e ri
Não porque elas eram feias
Mas porque eu não tinha notado
O quão estonteantes elas eram
Até aquele momento

Y ELLAS ERAN LINDAS

Cuando te fuiste
Miré las luces y reí
No porque eran feas
Mas porque no había notado
Cuán deslumbrantes eran
Hasta aquel momento.

POESIA ATREVIDA
Lineia Ribeiro Martins

Minha poesia é atrevida.
Os versos conversam comigo.
Perturbam-me, à noite, quando quero dormir.
Tiram-me o sono.
Trazem-me outro tipo de paz.
Me levam a outros mundos.
A outros lugares possíveis.
Me falam de desejos escondidos.
De conversas não faladas.
De sentimentos engolidos.
Das muitas raivas que silencio.
De gritos que sufoco.
De "nãos" que não sei dizer.
A poesia é dura comigo.
Sou instrumento dela.
Escravo dela.
Ela é meu ofício divino
Num ambiente profano.
Ela me ajuda a falar do simples
A ver beleza na dura realidade.
Meus versos misturam realidade e ficção.
Mas são necessários.
Falar da vida é urgente!
Poesia é o meu tempero.

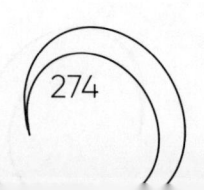

POESÍA ATREVIDA

Mi poesía es atrevida.
Los versos conversan conmigo.
Me perturban, en la noche, cuando quiero dormir.
Me roban el sueño.
Me traen otro tipo de paz.
Me llevan a otros mundos.
A otros lugares posibles.
Me hablan de deseos escondidos.
De conversaciones no dichas.
De sentimientos reprimidos.
De las muchas rabias que callo.
De gritos que sofoco.
De los "no" que no sé decir.
La poesía es dura conmigo.
Soy su instrumento.
Su esclavo.
Ella es mi oficio divino.
En un ambiente profano.
Me ayuda a hablar de lo simple
A ver belleza en la dura realidad.
Mis versos mezclan realidad y ficción.
Mas son necesarios.
¡Hablar de la vida es urgente!
Poesía es mi condimento.

SALTOS NO AR

Lisah Figueira

Saltos
Saltos no Ar
Caminhos a trilhar
Ninguém sabe o que virar
O brilho no olhar
A esperança vai chegar

A tranquilidade da floresta
O canto dos pássaros
A agitação da festa
Olhares se cruzam
Toques, sorrisos e emoções
Felicidades e paixões

Saltos no ar
O barulho do mar
O azul do céu

O relaxamento do corpo
O alongamento das pernas
Depois disso tudo
Somos livres para amar
Vamos voar

SALTOS EN EL AIRE

Saltos
Saltos en el Aire
Caminos por recorrer
Nadie sabe qué cambiar
El brillo en la mirada
La esperanza llegará

La tranquilidad del bosque
El canto de los pájaros
La agitación de la fiesta
Miradas que se cruzan
Toques, sonrisas y emociones
Felicidades y pasiones

Saltos en el aire
El rumor del mar
El azul del cielo

El relajamiento del cuerpo
El estiramiento de las piernas
Después de todo eso
Somos libres para amar
Vamos a volar

DELICADEZA
Líver Roque

Precisamos treinar a delicadeza!
A Delicadeza do olhar
Para que seja manso.
Da boca para que as palavras sejam doces.
Das mãos para que o toque seja suave e carinhoso.
Dos pensamentos para que sejam límpidos e sinceros.
Dos sorrisos para que sejam autênticos e sempre abertos.
Das lágrimas para que sejam verdadeiras e leais.
Dos sonhos para que sejam constantes e realizáveis.
Dos encontros para que não sejam passageiros e fugazes.
Dos abraços para que sejam calorosos e apertados.
Dos beijos para que sejam apaixonados e quentes.
Do carinho para que seja suave e constante.
Precisamos treinar a delicadeza
A cada momento, a cada dia.
E permitir que a vida, com leveza,
Toque delicadamente, sutilmente, mansamente,
Nossa alma...

DELICADEZA

¡Necesitamos ejercitar la delicadeza!
La Delicadeza de la mirada
Para que sea dócil.
De la boca para que las palabras sean dulces.
De las manos para que el toque sea suave y cariñoso.
De los pensamientos para que sean límpidos y sinceros.
De las sonrisas para que sean auténticas y siempre amplias.
De las lágrimas para que sean verdaderas y leales.
De los sueños para que sean constantes y realizables.
De los encuentros para que no sean pasajeros y fugaces.
De los abrazos para que sean calurosos y apretados.
De los besos para que sean apasionados y calientes.
Del cariño para que sea suave y constante.
Necesitamos ejercitar la delicadeza
A cada momento, a cada día.
Y permitir que la vida, con levedad,
Toque delicadamente, sutilmente, amablemente,
Nuestra alma...

O ACASO DO OCASO

Líver Roque

Muitas coisas acontecem por acaso.
O dia amanhece, por acaso.
O sol aparece, por acaso.
A chuva cai, por acaso.
Muitas flores nascem, por acaso.
As estrelas brilham, por acaso.
Olhares se cruzam, por acaso.
Mãos se encontram, por acaso.
A vida acontece, por acaso.
Será por acaso que sonhos são destruídos?
Será por acaso que esperanças são desfeitas?
Será por acaso que mãos se juntam em oração
Contra fome, frio, indiferença?
Será tudo isso por mero acaso?
Talvez por distração nossa. Por estarmos desatentos.
Talvez por nos esquecermos de um tempo não distante
De risos e alegrias constantes.
Talvez por não mais crermos em um futuro diferente
Mais ameno, mais sincero, mais intenso, mais possível de viver.
Nada é por acaso. Tudo é consequência.
Não permitamos jamais
Que o ocaso que admiramos
Se transforme constantemente
Em mero acaso.

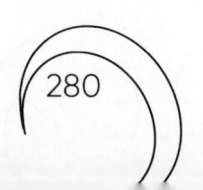

EL ACASO DEL OCASO

Muchas cosas suceden por acaso.
El día amanece, por acaso.
El sol aparece, por acaso.
La lluvia cae, por acaso.
Muchas flores nacen, por acaso.
Las estrellas brillan, por acaso.
Miradas se cruzan, por acaso.
Manos se encuentran, por acaso.
La vida sucede, por acaso.
¿Será por acaso que sueños son destruidos?
¿Será por acaso que esperanzas se deshacen?
¿Será por acaso que manos se juntan en oración
Contra hambre, frío, indiferencia?
¿Será todo eso por mero acaso?
Quizás por distracción nuestra. Por estar desatentos.
Quizás por olvidarnos de un tiempo no distante
De risas y alegrías constantes.
Quizás por no creer más en un futuro diferente
Más ameno, más sincero, más intenso, más posible de vivir.
Nada ocurre por acaso. Todo es consecuencia.
No permitamos jamás
Que el ocaso que admiramos
Se transforme constantemente
En mero acaso.

NÃO SEI DE POESIA
Lu Genez

Teria mais certezas se não fosse a noite, se não tivesse febre, se a carne não te desejasse, se eu não escorresse quando os dedos me tomam, e a imagem do quadro tem teu nome.

Falaria sobre as febres, os diagnósticos selvagens, escreveria sobre agosto, sobre o inverno nos trópicos, sobre um verso inacabado, contaria lendas e histórias, diria sobre gozo e risos.

Seria outro alguém em uma montanha de cume pecaminoso, confessaria heresias decrépitas, inventaria um personagem cético de riso duvidoso, soletraria perfeito a palavra dúvida, com todos os acentos e vogais tônicas.

Teria incertezas se a noite fosse clara, se dezembro não fosse fim, se a fome e a sede não se consumissem em lençóis azuis, se tudo fosse diagnóstico e verdade, se não houvesse o incerto, se teus olhos não fossem verdes,
E os meus, também.

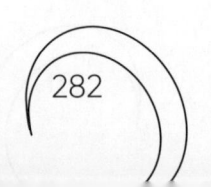

NO SÉ DE POESÍA

Tendría más certezas si no fuera la noche, se no tuviera fiebre, si la carne no te desease, si no me escurriera cuando los dedos me toman, y la imagen del cuadro tiene tu nombre.
Hablaría sobre las fiebres, los diagnósticos salvajes, escribiría sobre agosto, sobre el invierno en los trópicos, sobre un verso inacabado, contaría leyendas e historias, diría sobre goce y risas.
Sería otro alguien en una montaña de cumbre pecaminosa, confesaría herejías decrépitas, inventaría un personaje escéptico de risa dudosa, deletrearía perfectamente la palabra duda, con todos los acentos y vocales tónicas.
Tendría incertezas si la noche fuese clara, si diciembre no fuese el fin, si el hambre y la sed no se consumiesen en sábanas azules, si todo fuese diagnóstico y verdad, si no existiese lo incierto, si tus ojos no fuesen verdes,
Y los míos, también.

ESTAÇÃO
Luan Jesus LJ

Na estação te esperei ansioso, que nem percebi a hora passar, a cada trem torcia para você chegar.
Até que enfim, chegou! Desceu e me beijou, toda linda!
Transbordando seu brilho e todo o seu amor.

ESTACIÓN

En la estación te esperé ansioso, siquiera noté el tiempo pasar, a cada tren anhelaba que llegaras.
¡Hasta que en fin llegaste! ¡Bajaste y me besaste, toda linda!
Transbordando tu brillo y todo tu amor.

OLIVIA
Luanin Chandrama Kanishth

E mais uma vez descobri o amor
Como uma estrela guia
Você nasceu, fruto de muito amor
Minha filha, eu só quero te dizer:

Você é uma promessa
Minha esperança
Uma forte brisa nas montanhas...

É você meu melhor poema
Uma orquestra sinfônica na noite
A água de minha fonte...

É você meu melhor sorriso
Uma linda manhã de verão
O fogo do altar...

É você o sol no horizonte
E a lua nas noites estreladas
Consagrada por Apolo, Júpiter e Minerva...

É você a chuva fresca nas minhas mãos
As ondas do imenso oceano
E o fogo que aquece a lareira...

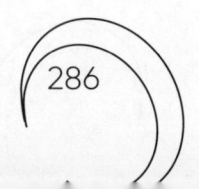

OLIVIA

Y una vez más descubrí el amor
Como una estrella guía
Naciste, fruto de mucho amor
Hija mía, sólo quiero decirte:

Eres una promesa
Mi esperanza
Una fuerte brisa en las montañas...

Eres mi mejor poema
Una orquesta sinfónica en la noche
El agua de mi fuente...

Eres mi mejor sonrisa
Una linda mañana de verano
El fuego del altar...

Eres el sol en el horizonte
Y la luna en las noches estrelladas
Consagrada por Apolo, Júpiter y Minerva...

Eres la lluvia fresca en mis manos
Las olas del inmenso océano
Y el fuego que calienta el hogar...

A MALA
Lúcia Nasser

Por que não?

Grande... Obsoleta
Gasta! Desbotada pelo tempo
Lá estava ela!
No fundo bem no alto
Da estante do quartinho
Um dia... qualquer dia
Aberta pra faxina
Esparramou seu conteúdo
Gasto e desbotado como ela
Amarrados em fitas amareladas
Bilhetes, cartas, Cartões, flores secas
E fotos muitas! E que mais?
Sonhos, Desejos, lembranças
Lágrima e Risos!
Amores e Dissabores!
Segredos revelados?
Nada mais?
Tudo... uma vida inteira!
Numa grande mala esquecida
COMO NÃO AMÁ-LA

LA MALETA

¿Por qué no?

Grande... Obsoleta
¡Gastada! Deslucida por el tiempo
¡Allí estaba ella!
En el fondo bien en lo alto
Del estante del cuartito
Un día... cualquier día
Abierta para limpieza
Desparramó su contenido
Gastado y deslucido como ella
Atados con cintas amarillentas
Billetes, cartas, Postales, flores secas
¡Y fotos muchas! ¿Y qué más?
Sueños, Deseos, recuerdos
¡Lágrimas y Risas!
¡Amores y Sinsabores!
¿Secretos revelados?
¿Nada más?
Todo... ¡una vida entera!
En una gran maleta olvidada
CÓMO NO AMARLA

PARA PARAR O TEMPO
Luciana Éboli

No sofá da sala iluminada
Atravessa o deserto
De pedras pontiagudas
Abraça a memória

(Sonha concha e pensa que quer se abrir
Sonha espuma e ensaia uma feliz dança das ondas)

Cada retrato na estante
A mesma lembrança dourada
De cada ser a romper no mundo
A seu tempo
Numa tarde
Numa noite

Cheiro de campo — ternura
Feixes de luz em cristal — nascem
Ela — mãe
e filhos
Eles — filhos
e uma mãe — meio — filha

De rendas e redemoinhos faz seu oásis
Em ciclos benditos de eterna aprendiz

PARA DETENER EL TIEMPO

En el sofá de la sala iluminada
Atraviesa el desierto
De piedras puntiagudas
Abraza la memoria

(Sueña concha y piensa que se quiere abrir
Sueña espuma y ensaya una feliz danza de las olas)

Cada retrato en la estantería
El mismo recuerdo dorado
De cada ser rompiendo el mundo
A su tiempo
En una tarde
En una noche

Olor de campo — ternura
Haces de luz en cristal — nacen
Ella — madre
e hijos
Ellos - hijos
e una madre — medio — hija

De encajes y remolinos haz tu oasis
En ciclos benditos de eterna aprendiz

FLOR DE LÓTUS

Luciana Muniz da França

Beleza que transcende em meio ao lamaçal,
sua voz ecoa pelas bem-aventuranças.
Bem-aventurados os que nos querem bem,
os que querem nosso sorriso,
nossa companhia,
porque confiam e nos conhecem!
Bem-aventurados os que veem nosso olhar,
gestos, pensamentos!
Bem-aventurados os que sabem
que somo limitados e humanos,
permanecendo ao nosso lado!
Bem-aventurados sejam aqueles
que não desistem de nós!
Bem-aventurados sejam aqueles
que acreditam em nós,
ensinando-nos sobre amor e vida,
Assim, como uma flor de lótus colhida!
Bem-aventurados sejam aqueles
que nos colhem do lamaçal, todos os dias!
Bem-aventurados sejam os lótus da vida!

FLOR DE LOTO

Belleza que trasciende en medio al lodazal,
tu voz resuena por las bienaventuranzas.
¡Bienaventurados los que nos quieren bien,
los que quieren nuestra sonrisa,
nuestra compañía,
porque confían y nos conocen!
¡Bienaventurados los que ven nuestra mirada,
gestos, pensamientos!
¡Bienaventurados los que saben
que somos limitados y humanos,
permaneciendo a nuestro lado!
¡Bienaventurados sean aquellos
que no desisten de nosotros!
¡Bienaventurados sean aquellos
que creen en nosotros,
enseñándonos sobre el amor y la vida,
Así, como una flor de loto recogida!
¡Bienaventurados sean aquellos
que nos sacan del lodazal, todos los días!
¡Bienaventurados sean los lotos de la vida!

ESCOLA RUTH
Lucirene de Oliveira Gonçalves

Nossa escola faz 25 anos
Com muita bagagem de ação
Dedicação para educação
E com muita organização.
Homenagem prestada em vida
Com muito amor e carinho
Para professora querida
Ruth Holzmann Ribas.
Ruth teve uma missão
Lecionar, cantar, despertar
Formar a inteligência
Seguindo sua consciência
Para que o certo aqui se aprenda.
Temos que cultivar agradecendo
Obedecendo ao planejamento
Formando, educando e multiplicando
Saberes da nossa inteligência.
Pois aqui se educa com amor
Pelo professional, o professor
Com muita dedicação
Despertando nossa imaginação.
Foi Terezinha com Z que começou
E a Teresinha com S continuou.

ESCUELA RUTH

Nuestra escuela cumple 25 años
Con mucha experiencia de acción
Dedicación para la educación
Y con mucha organización.
Homenaje rendido en vida
Con mucho amor y cariño
Para la profesora querida
Ruth Holzmann Ribas.
Ruth tuvo una misión
Enseñar, cantar, despertar
Formar la inteligencia
Siguiendo su consciencia
Para que lo correcto aquí se aprenda.
Tenemos que cultivar agradeciendo
Obedeciendo el planeamiento
Formando, educando y multiplicando
Saberes de nuestra inteligencia.
Pues aquí se educa con amor
Por el profesional, el profesor
Con mucha dedicación
Despertando nuestra imaginación.
Fue Terezinha con Z quien comenzó
Y Teresinha con S continuó.

PRINCESA DO BRASIL

Lucirene de Oliveira Gonçalves

Preste muita atenção que agora vamos rimar
Pra vocês vamos contar a história deste lugar
No nosso Campos Gerais
Podemos correr, brincar, pular
No parque ambiental, ao lado do terminal central
Araucárias, campos e plantações
Estão virando moradia, espero que não esqueçam
Do nosso ar do dia a dia
Povo místico e inteligente, fala muito diferente
Crenças e mitos diversos
Como as estrelas do universo
Ainda fazem batizado
No olho d'água João Maria, Monge do Contestado
Onde passo em frente todos os dias.
Ainda tem o lixão
De toda população, falta conscientização
E também organização.
Escola integral, Hospital regional
É novidade neste local
Essa é Ponta Grossa, minha, tua, nossa
Do povo gentil
A Princesa do Brasil.

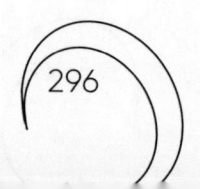

PRINCESA DE BRASIL

Presten mucha atención que ahora vamos a rimar
Les vamos a contar la historia de este lugar
En nuestro Campos Gerais
Podemos correr, jugar, saltar
En el parque ambiental, al lado de la estación central
Araucarias, campos y plantaciones
Están volviéndose hogares, espero que no olviden
Nuestro aire del día a día
Pueblo místico e inteligente, habla muy diferente
Creencias y mitos diversos
Como las estrellas del universo
Aún realizan bautismos
En el ojo de agua João Maria, Monje del Contestado
Donde paso en frente todos los días.
Todavía está el vertedero
De toda la población, falta concientización
Y también organización.
Escuela integral, Hospital regional
Es novedad en este local
Esta es Ponta Grossa, mía, tuya, nuestra
Del pueblo gentil
La Princesa de Brasil.

RESPONSABILIDADE ECONÔMICA/ AMBIENTAL/SOCIAL

Luis Carlos

Exercitar a sustentabilidade,
Não é empecilho ao progresso.
Mas é o antídoto na verdade,
Contra o impiedoso retrocesso.
A parceria ignorância e ganância.
Leva à devastadora petulância.
Combustível para cruéis excessos.

Seja agropecuária Tecnificada
Ou, aquela tachada de subsistência.
Indústrias de ponta, renomadas,
Ou, as desprovidas de excelência.
Setores de serviços e Poder público,
Cidadão comum, pobre ou rico.
O Planeta clama por consciência.

Como daqui só levamos a essência,
Por que então o desespero pelo Ter?
Mas investindo em efetiva decência,
Haverá civilidade e respeito ao Ser.
A Lei de causa e efeito é implacável.
Ela é atemporal, imparcial e imutável.
Respeitando sempre o nosso querer.

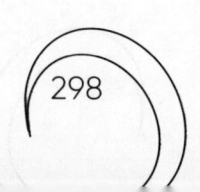

RESPONSABILIDAD ECONÓMICA/ AMBIENTAL/SOCIAL

Ejercitar la sustentabilidad,
No es obstáculo al progreso.
Sino antídoto en verdad,
Contra el despiadado retroceso.
La colaboración entre ignorancia y ganancia.
Lleva a la devastadora petulancia.
Combustible para crueles excesos.

Sea la agropecuaria Tecnificada
O aquella llamada de subsistencia.
Industrias de punta, renombradas,
O las desprovistas de excelencia.
Sectores de servicios y Poder público,
Ciudadano común, pobre o rico.
El Planeta reclama consciencia.

Como de aquí sólo llevamos la esencia,
¿Por qué entonces la ansiedad por Tener?
Mas invirtiendo en efectiva decencia,
Habrá civilidad y respeto al Ser.
La Ley de causa y efecto es implacable.
Es atemporal, imparcial e inmutable.
Respetando siempre nuestro querer.

ADEUS, AMIGO

Luísa Nogueira

Hoje ele foi para a terra invisível
Ou será céu envolto em nuvens?
Voou para o etéreo
Ficaram pensamentos
Saudades
Abraços e ternura
Cabelos ao vento
Música e magia
Lágrimas e sorrisos
Explosão e silêncio

Anfíbio,
Foi touro e peixe

Aqui jaz memórias
Lembranças vivas para sempre
Aqui jaz adeus
Ou será até breve?

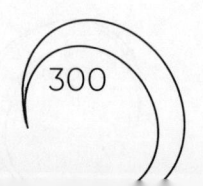

ADIÓS, AMIGO

Hoy él se fue hacia la tierra invisible
¿O será cielo envuelto en nubes?
Voló hacia lo etéreo
Quedaron pensamientos
Añoranzas
Abrazos y ternura
Cabellos al viento
Música y magia
Lágrimas y sonrisas
Explosión y silencio

Anfibio,
Fue toro y pez

Aquí yace memorias
Recuerdos vivos para siempre
Aquí yace adiós
¿O será hasta pronto?

DOIS CAMINHOS

Luiz dos Anjos

Aos prantos e às cegas tateio,
acompanhado de vazias certezas,
de dúvidas cheias
desta vida ingrata que carrego o peso.

E o que me dá felicidade é também o motivo pelo qual me entristeço.
Nada mais parece realidade.
Já não se faz tão certa a existência do tempo.

O que é a vida, senão o sofrimento?
O que é o sofrimento, senão a única certeza que tenho?
É, se esta é a única certeza, o que é a felicidade,
senão a ignorância e o desconhecimento?

Oh, doce e amarga ignorância.
És tu uma virtude ou um defeito?
E tu, sabedoria, com tanta arrogância, és a condenação ou o livramento?

DOS CAMINOS

En llanto y a ciegas tanteo,
acompañado de vacías certezas,
de dudas plenas
de esta vida ingrata cuyo peso cargo.

Y lo que me da felicidad es también el motivo que me entristece.
Nada más parece realidad.
Ya no es tan cierta la existencia del tiempo.

¿Qué es la vida, sino el sufrimiento?
¿Qué es el sufrimiento, sino la única certeza que tengo?
Y, si esta es la única certeza, ¿qué es la felicidad,
sino la ignorancia y el desconocimiento?

Oh, dulce y amarga ignorancia.
¿Eres una virtud o un defecto?
¿Y tú, sabiduría, con tanta arrogancia, eres la condenación o la liberación?

A INFÂNCIA QUE HABITA EM MIM

Mácio Nunes Machado

Não tenhas medo, minha criança!
Sou adulto! Te acolho! Te protejo!
Bem sei que as cicatrizes são muitas
Marcas indeléveis das dores sentidas

A ciranda da vida roda
Tu vens brincar de roda comigo?
Dê-me suas pequeninas mãos com cheiro de flor
Entre nessa ciranda de tantos encantos

As brincadeiras na chuva...
As mais alegres e saltitantes corridas
Sob as águas que desabam das nuvens
Ah! As poças d'água avermelhadas!

No semiárido, o sertão há felicidade
Minha criança interior em êxtase
Abandonada na enxurrada dos seus pensamentos
Vadiando em poças, as tais poças após a chuva
Chuva no sertão!
Um extraordinário acontecimento que refrigera as almas!

A embriaguez do cheiro da terra molhada
Um bálsamo para toda gente, crianças e adultos
Eis a felicidade sertaneja para além das festas juninas
Felicidade esperança uma gota d'água

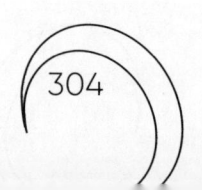

LA INFANCIA QUE HABITA EN MÍ

¡No tengas miedo, niño!
¡Soy adulto! ¡Te acojo! ¡Te protejo!
Bien sé que las cicatrices son muchas
Marcas indelebles de los dolores sentidos

La rueda de la vida gira
¿Vienes a jugar conmigo a la rueda?
Dame tus pequeñitas manos con olor a flor
Entra en esta rueda de tantos encantos

Los juegos en la lluvia...
Las más alegres y saltarinas carreras
Bajo las aguas que desploman de las nubes
¡Ah, las pozas de agua enrojecidas!

En el semiárido, en el sertón hay felicidad
Mi niño interior entra en éxtasis
Abandonado a la avalancha de sus pensamientos
Vagabundeando en las pozas, las tales pozas después de la lluvia
¡Lluvia en el sertón!
¡Un extraordinario acontecimiento que refrigera las almas!

La embriaguez del olor de la tierra mojada
Un bálsamo para toda la gente, niños y adultos
He aquí la felicidad sertaneja más allá de las fiestas de San Juan
Felicidad esperanza una gota de agua

FORA DA LEI
Magno Assis

Em minhas mãos trago um cemitério
Mais de mil vezes já morri
Esse negócio de ter uma única morte
É somente para os sóbrios
Os loucos poetas morrem a cada instante...
Lançam palavras como se fossem ossos
E as enterram em cadernos
Onde outros céticos escavam emoções.
E vão desenterrando novas vidas
Para no minuto seguinte
O ciclo do renascimento se fechar.

Mais de mil vezes já morri
Em cada centímetro do meu corpo
Trago um cemitério
Onde vou enterrando letras
Palavras
Gestos
Sonhos

A vida nunca conseguiu
Enquadrar-me.
E o ciclo vicioso do meu ofício
Nunca me deixa lembrar
Quem eu sou.

FUERA DE LA LEY

En mis manos traigo un cementerio
Más de mil veces ya he muerto
Eso de tener una única muerte
Sólo es para los sobrios
Los locos poetas mueren a cada instante...
Lanzan palabras como si fueran huesos
Y las entierran en cuadernos
Donde otros escépticos excavan emociones.
Y van desenterrando nuevas vidas
Para que al minuto siguiente
El ciclo del renacimiento se cierre.

Más de mil veces ya he muerto
En cada centímetro de mi cuerpo
Traigo un cementerio
Donde voy enterrando letras
Palabras
Gestos
Sueños

La vida nunca ha conseguido
Adecuarme.
Y el ciclo vicioso de mi oficio
Nunca me deja recordar
Quien soy.

A CIÊNCIA DE UM ESCRITOR
Maikel S.S.

A ciência é um caminho iluminado
Que nos leva rumo ao desconhecido
E nos faz sonhar com o infinito
Com a vastidão do mundo desvanecido

É a curiosidade que nos guia
E o desejo de entender o que há
Os cientistas são como poetas
Que criam novas formas de pensar

São artistas da razão
Que moldam a realidade em suas mãos
E desvendam os mistérios da criação
Com suas teses e constante inovação

A ciência é a arte que nos liberta
Que nos leva por mares inexplorados
E nos mostra a beleza da descoberta
Que só é alcançada pelos ousados

Por isso, sigamos em progressão
Em busca do conhecimento que nos liberta
Pois a ciência é o pilar da evolução
E a promessa de um futuro justo em descoberta

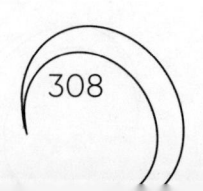

LA CIENCIA DE UN ESCRITOR

La ciencia es un camino iluminado
Que nos lleva rumbo a lo desconocido
Y nos hace soñar con el infinito
Con la vastedad del mundo desvanecido

Es la curiosidad que nos guía
Y el deseo de entender lo que existe
Los científicos son como poetas
Que crean nuevas formas de pensar

Son artistas de la razón
Que moldean la realidad en sus manos
Y desvendan los misterios de la creación
Con sus tesis y constante innovación

La ciencia es el arte que nos libera
Que nos lleva por mares inexplorados
Y nos enseña la belleza del descubrimiento
Que sólo es alcanzada por los audaces

Por eso, sigamos en progresión
En busca del conocimiento que nos libera
Pues la ciencia es el pilar de la evolución
Y la promesa de un futuro justo por descubrir

BANQUETE POÉTICO
Maldireno Francisco

Mergulhar-me-ei
No infindo oceano da poesia
E trarei à tona a beleza de seus corais.

Participar-me-ei
Desse banquete poético
Degustarei cada palavra,
Cada verso, até que...

Minh'alma faminta
Sacie-se.
Quão suaves são,
Os perfumes que exalam de seus versos
São como vinho, alegra a alma
Deles embriagar-me-ei.

Poesia é vida.
Vida sem poesia é simplesmente
vida vazia.

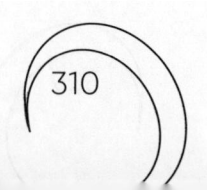

BANQUETE POÉTICO

Me sumergiré
En el interminable océano de la poesía
Y traeré a la superficie la belleza de sus corales.

Participaré
De ese banquete poético
Degustaré cada palabra,
Cada verso, hasta que...

Mi alma hambrienta
Se sacie.
Cuán suaves son,
Los perfumes que exhalan sus versos
Son como vino que alegra el alma
De ellos me embriagaré.

Poesía es vida.
Vida sin poesía es simplemente
vida vacía.

À PROCURA DA ALEGRIA
Marcelo M. Lima

Espero que a coragem nunca me encontre, pois no dia em que nos esbarrarmos eu sei que a vida irá se retirar para a falta de existência ficar
E não venha ser hipócrita a ponto de dizer "Nossa! Quanta covardia".
É que eu até procurei por diversas vezes no achados e perdidos mas nunca encontrei a tal da alegria.
Que ironia a minha em procurar por algo que eu mal sabia que eu tinha
Só se sabe o peso da solidão quando ser solitude passa a ser solitário com tanta solidez.

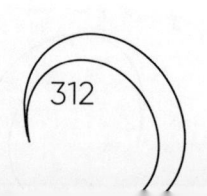

EN BUSCA DE LA ALEGRÍA

Espero que el coraje nunca me encuentre, pues el día en que nos encontremos sé que la vida se recogerá para que la falta de existencia permanezca
Y no seas hipócrita al punto de decir "Caramba! Cuánta cobardía".
Y es que incluso he buscado diversas veces en los perdidos y encontrados, pero nunca he hallado la tal alegría.
Qué ironía la mía de buscar algo que mal sabía
que tenía
Sólo se sabe el peso de la soledad cuando ser solitud pasa a ser solitario con tanta solidez.

ASAS
Márcio Castilho

Como num encanto aprendo a voar.
Quero um atalho para chegar aos teus poros.
A noite é escarlate como o teu olhar flamejante;
Quero nesta noite a quietude nos teus braços.
Voo até as estrelas sob o sereno,
Caminho sozinho ouvindo ecos no cais,
Ouço a tua voz e quero voar... quero mais.
Asas cintilantes me levam na trânsfuga.
Perco o teu olhar tácito,
A tua orelha fria,
Os teus dentes como dentes de leão.
Lépidas asas dançam,
Me ensinam a coreografia desse voo.
Te encontro e fico trêmulo;
Não sou mais um fantasma translúcido,
Estou opaco.
A paixão me esconde através de muros,
Mas me entrego a ti no manto negro.
Um dia haverá de terminar minha espera ardente
E haverá de vir multicor a amizade,
Frágil e bela como uma begônia,
Perfeita como uma pétala ao vento.
E, de novo, haverei de voar...

ALAS

Como por encanto aprendo a volar.
Quiero un atajo para llegar a tus poros.
La noche es escarlata como tu mirada flameante;
Quiero en esta noche la quietud en tus brazos.
Vuelo hasta las estrellas bajo el sereno,
Camino solo oyendo ecos en el embarcadero,
Oigo tu voz y quiero volar... quiero más.
Alas titilantes me llevan fugitivo.
Pierdo tu mirada tácita,
Tu oreja fría,
Tus dientes como dientes de león.
Vertiginosas alas danzan,
Me enseñan la coreografía de este vuelo.
Te encuentro y quedo trémulo;
Ya no soy un fantasma translúcido,
Estoy opaco.
La pasión me esconde a través de los muros,
Mas me entrego a ti en el manto negro.
Un día habrá de terminar mi espera ardiente
Y habrá de venir multicolor la amistad,
Frágil y bella como una begonia,
Perfecta como un pétalo al viento.
Y, de nuevo, habré de volar...

HAI-CAI
Marcos Dertoni

Sinto o desejo de revelar-te
Uma mistura de amor e arte
Mais pra Vênus que pra Marte

        Madrugada adentro
        Lendo poesias
        Ao relento

A menina e o cavalo
Correndo no pasto
Que embalo

        No verde das matas
        caminhos que levam
        a belas cascatas

Coração de carvalho
Um sorriso dentro
À espera do orvalho

        Ouvindo o som dos chocalhos
        que a chuva faz
        nos galhos

Traz consigo um prato doce e outro de sal
Sai num grito, que o dia hoje já é Carnaval
Solta um gemido de amor

HAI-KÚ

Siento el deseo de revelarte
Una mezcla de amor y arte
Más para Venus que para Marte

        Madrugada adentro
        Leyendo poesías
        Al sereno

La niña y el caballo
Corriendo en el pasto
Que embalo

        En el verde de los bosques
        caminos que llevan
        a bellas cascadas

Corazón de roble
Una sonrisa dentro
A la espera del rocío

        Oyendo el sonido de los cencerros
        que la lluvia hace
        en las ramas

Trae consigo un plato dulce y otro de sal
Sale en un grito, que hoy ya es Carnaval
Suelta un gemido de amor

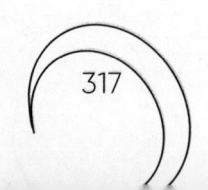

UM ITINERÁRIO
Maria Bernadete B. de Oliveira

O dia se abre e a palavra, solitária,
viaja até onde estão meus amados rostos
que vão aos poucos se distanciando.

No eco da noite a palavra regressa em pensamento
num anônimo tilintar de vagalumes.

Certa vez, fora eu que desabei
numa clareira distante,
lá, descansavam meus ancestrais.

Agora, notívaga, tenho medo do sono
quando paredes e janelas
se debatem num inteiro alvoroço
ao meu redor.

Dentro dessa grande casa
busco pelos destinos
que se espalharam nas alturas.
Somente eles podem me elucidar
acontecimentos passados.

E, para morar com a palavra
ensaiarei uma dança caudalosa,
atravessarei o universo com a destreza de um raio
levando comigo o sonho da noite anterior
para compor a sinfonia do adeus.

UN ITINERARIO

*El día se abre y la palabra, solitaria,
viaja hasta donde están mis amados rostros
que van poco a poco distanciándose*

*En el eco de la noche la palabra regresa como pensamiento,
en un anónimo titilar de luciérnagas.*

*Cierta vez, fui yo quien se derrumbó
en un claro distante,
allá, descasaban mis ancestros.*

*Ahora, noctívaga, tengo miedo del sueño
cuando paredes y ventanas
se debaten en total algarabía
a mi alrededor.*

*Dentro de esta gran casa
busco los destinos
que se dispersaron en las alturas.
Solamente ellos me pueden aclarar
acontecimientos pasados.*

*Y, para vivir con la palabra
ensayaré una danza caudalosa,
atravesaré el universo con la destreza de un rayo
llevando conmigo el sueño de la noche anterior
para componer la sinfonía del adiós.*

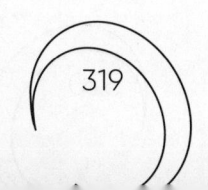

IMERSÃO

Maria Braga Canaan

Escrevo mentalmente.
Quantas coisas passaram,
Coisas que nem lembro mais.
Teoria e prática são inconciliáveis.
Grito e resmungo com direito a blasfêmias.
Não resolvo a situação.
Lá fora chove.
Sacudo a cabeça e escuto os parafusos soltos.
Mergulhei a minha alma e já é tempo de renovação.
Sei o que é mergulhar no escuro.
Sei o que é ser engolida pela baleia.
Não preciso que me mandem calar a boca.
Não quero ouvir o quanto estou errada.
Quero um olhar de cumplicidade.
Fui votar.
A minha seção eleitoral tinha uma fila maior.
Culpa das Marias: Do Socorro, Das Dores, Da Paz, Dos Remédios...
Somos muitas Marias.
Minha cabeça parece um liquidificador em velocidade máxima.
Não sou uma Supermulher.
Qualquer barulhinho me assusta e solto fumaça pelas narinas.
Sou um dragão.
Vou levantar em todas as recaídas.
O Paraíso é aqui.

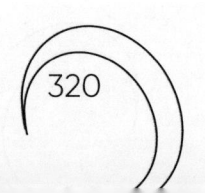

INMERSIÓN

Escribo mentalmente.
Cuántas cosas han pasado,
Cosas que ya ni recuerdo.
Teoría y práctica son inconciliables.
Grito y murmuro con derecho a blasfemias.
No resuelvo la situación.
Allá afuera llueve.
Sacudo la cabeza y escucho los tornillos sueltos.
He sumergido mi alma y ya es tiempo de renovación.
Sé lo que es sumergirse en lo oscuro.
Sé lo que es ser tragada por la ballena.
No necesito que me manden a callar.
No quiero oír cuánto estoy equivocada.
Quiero una mirada de complicidad.
Fui a votar.
En mi sección electoral la fila era mayor.
Culpa de las Marías: Del Socorro, Dolores, De la Paz, De los Remedios...
Somos muchas Marías.
Mi cabeza parece una licuadora en velocidad máxima.
No soy una Supermujer.
Cualquier ruidito me asusta y suelto humo por la nariz. Soy un Dragón.
Voy a levantarme en todas las recaídas.
El Paraíso está aquí.

2024 – O QUE NÃO VOU DEIXAR DE FAZER
Maria do Carmo R. Procaci

Poetizando com pensamentos que voam,
Porque tudo muda o tempo todo, mas acreditando em minha intuição, deixo aqui meu caminhar para 2024
Não vou deixar de muito me amar, amar, amar...
Não vou deixar de sorrir, voar, dançar, sonhar, acolher, olhar além e me apaixonar...
Ter fé e espiritualidade que por sua natureza dizem respeito ao que é transcendente
Não vou deixar de escrever, ler, transver o mundo
Não vou deixar de olhar com o olhar do outro
De sentir e compreender seu coração
De aceitar cada um com suas escolhas
Não vou deixar minhas asas, minha esperança, meu mundo, meu brilho no olhar se esvaírem...
Não vou deixar de re-criar
De re-pensar para re-construir
Vou sempre manter as janelas abertas, isso faz ascender às chamas de inquietudes e buscas por transformação e construção
Não vou deixar de ser uma borboleta
Não vou deixar de cuidar do meu jardim porque o universo da borboleta é o jardim inteiro
E são borboLETRAS, porque aprenderam a falar com o coração e as palavras lhe deram asas

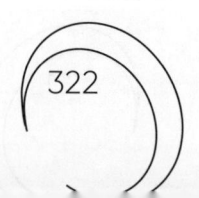

2024 – LO QUE NO DEJARÉ DE HACER

Poetizando con pensamientos que vuelan,
Porque todo cambia todo el tiempo, mas creyendo en
mi intuición, dejo aquí mi caminar para 2024
No voy a dejar de amarme mucho, amar, amar...
No voy a dejar de sonreír, volar, danzar, soñar,
acoger, mirar más allá y apasionarme...
Tener fe y espiritualidad que por su naturaleza hablan
de lo que es transcendente
No voy a dejar de escribir, leer, transver el mundo
No voy a dejar de mirar con la mirada del otro
De sentir y comprender su corazón
De aceptar a cada cual con sus decisiones
No voy a dejar que mis alas, mi esperanza, mi
mundo, mi brillo en la mirada se desvanezcan...
No voy a dejar de re-crear
De re-pensar para re-construir
Voy siempre a mantener las ventanas abiertas, esto hace
avivar las llamas de inquietudes y búsquedas por
transformación y construcción
No voy a dejar de ser una mariposa
No voy a dejar de cuidar de mi jardín porque el
universo de una mariposa es el jardín entero
Y son maripoLETRAS, porque han aprendido a hablar
con el corazón y las palabras les han dado alas

RAINHA DA NOITE
Maria do Carmo R. Procaci

Cheia você me enlouquece
Medito no balanço da rede
O ano findando e o que realizei...
Alegria saltitando até no olhar
Cheia você atravessa pelas veias
Abrindo alas sem pressa
Com sua exuberância ingressa
Aquece meu lugar mais sagrado
Que abre sorrisos e agradece
A Rainha da Noite lá se acomoda
Os ritmos, a pressão se alteram
Uma luz tão fogosa e prosa,
Irradia melodias, poesias, reticências...
O momento me levou às alturas
Imaginei um jardim cheio de flores bailando,
cantando, se amando
Ah! Quão maravilhoso é enxergar
A imagem desta Rainha da Noite
A me olhar, saudar, acompanhar também
Sendo eu grata por tamanho momento de graça
Rainha da Noite, você me fez poetizar, encantar,
me apaixonar... por você!

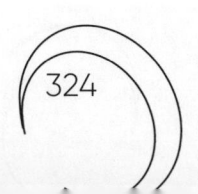

REINA DE LA NOCHE

Plena tú me enloqueces
Medito en el balanceo de la hamaca
El año pasado y lo que realicé...
Alegría exultante hasta en la mirada
Plena atraviesas las venas
Abriendo alas sin prisa
Con tu exuberancia penetras
Calientas mi lugar más sagrado
Que abre sonrisas y agradeces
La Reina de la Noche allí se acomoda
Los ritmos, la presión se alteran
Una luz tan fogosa y prosa,
Irradia melodías, poesías, reticencias...
El momento me ha llevado a las alturas
He imaginado un jardín lleno de flores bailando,
cantando, amándose
¡Ah! Cuán maravilloso es ver
La imagen de esta Reina de la Noche
Que me mira, saluda, me acompaña también
Te agradezco tamaño momento de gracia
Reina de la Noche, tú me haces poetizar, encantar
apasionarme... por ti!

POR QUE A LUZ DAS ESTRELAS OSCILA?
Mariane Capella

Por que a luz das estrelas oscila?
Por que a voz no seu peito é sucinta?
tomamos vinho e cidra,
por que a dor do desejo é bonita?
passamos por beijos e vidas,
e por muitos letreiros até a esquina.
Por que esses carros transitam a avenida?
absorvemos toda a luz do dia
e se um dia fomos brilhantes,
Porque a luz das estrelas oscila?

¿POR QUÉ LA LUZ DE LAS ESTRELLAS OSCILA?

¿Por qué la luz de las estrellas oscila?
¿Por qué la voz en su pecho es sucinta?
bebemos vino y cidra,
¿por qué el dolor del deseo es bonito?
pasamos por besos y vidas,
y por muchos anuncios hasta la esquina.
¿Por qué esos carros transitan por la avenida?
absorbemos toda la luz del día
y si un día fuimos brillantes,
¿Por qué la luz de las estrellas oscila?

UM DEDO DE PROSA
Marilda Silveira

Vou deitar na onda rasa
para ouvir o teu murmúrio
e termos um dedo de prosa
sobre os segredos do mundo

De areia farei castelos
sonhos não irão faltar
mesmo que à primeira maré
tu os possas derrubar

Nas espumas abundantes
feito renda de rendeira
pintarei meu corpo inteiro
quero parecer Sereia

Já quando a noite avistar
aninhada em teu concheiro
pegarei carona em cometa
viajarei por entre estrelas

E quando o dia raiar
de volta ao "meu" universo
mergulharei tuas águas
purificando meus plexos!

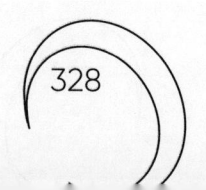

UN DEDO DE PROSA

*Voy a tumbarme en la ola rasa
para oír tu murmullo
y tener un dedo de prosa
sobre los secretos del mundo*

*De arena haré castillos
sueños no faltarán
aunque en la primera marea
tú los puedas derribar*

*En las espumas abundantes
hecho encaje de tejedoras
pintaré mi cuerpo entero
quiero parecer Sirena*

*Ya cuando la noche aviste
anidada en tu aroma
viajaré a dedo en cometa
andaré por las estrellas*

*¡Y cuando el día raye
de regreso a "mi" universo
me sumergiré en tus aguas
purificando mis plexos!*

CALMARIA
Marina Arantes

Quando, por acaso, fora e dentro se encontram?
No equilíbrio dos traços;
trajetos do dia a dia?
Persistentes — angustiam.

O sentido da vida existe?
É feito de versos?
Ao redor,
afetos serenos!
Do caos à calmaria.

Quando, afinal, dentro e fora se enamoram?
Da calmaria ao caos — a travessia.
No peito, quietude —
Poesia.

CALMA

¿Cuándo, por acaso, fuera y dentro se encuentran?
¿En el equilibrio de los trazos;
trayectos del día a día?
Persistentes — angustian.

¿El sentido de la vida existe?
¿Está hecho de versos?
¡Alrededor,
afectos serenos!
Del caos a la calma.

¿Cuándo, al fin, dentro y fuera se enamoran?
De la calma al caos — la travesía.
En el pecho, quietud —
Poesía.

INQUIETAÇÕES
Marli Beraldi

Nós, mulheres, temos inquietações
Que nos afligem a alma, a calma e empalma.
Muitas vezes tentamos disfarçá-las,
Apagá-las, para não notá-las
Mas, não adianta, elas estão presentes,
Continuamente, estridentemente, insistentemente,
Inquietações.

Fingimos estarmos contentes, sorrimos, omitimos
Mas, elas estão lá...
Inquietações.

Nos nossos corações, só temos aflições.
Inquietações.
Fingimos estarmos ocupadas, concentradas, focadas.
Mas é tudo é ilusão, só solidão,
Sofremos, algumas vezes choramos,
Mas, elas estão lá...
Inquietações

Sentimo-nos sozinhas em meio à multidão
Perdidas, sofridas, iludidas,
Fragmentadas, desconsoladas, isoladas.
Mas, não adianta, elas estão presentes em meio à multidão
Só inquietação, ilusão, sem emoção.

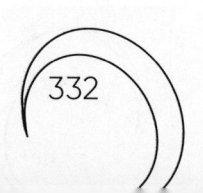

Continuamente a mente trabalha, calcula é uma só luta
Mas não adianta tantas reflexões,
São inquietações.

Procuramos ficarmos invisíveis, parecermos insensíveis,
Inatingíveis...
Mas não adianta,
São inquietações.

No escuro da noite, encolhidas em um canto
Estamos em prantos, sem uma lágrima sequer...
Disfarçamos, não encaramos uma verdade se quer
São inquietações.

INQUIETUDES

Nosotras, mujeres, tenemos inquietudes
Que nos afligen el alma, la calma y empalma.
A menudo intentamos disfrazarlas,
Borrarlas, para no notarlas
Pero, no hay caso, están presentes,
Continuamente, estridentemente, insistentemente,
Inquietudes.

Fingimos estar contentas, sonreímos, omitimos
Pero, ellas están ahí...
Inquietudes.

En nuestros corazones, sólo tenemos aflicciones.
Inquietudes.
Fingimos estar ocupadas, concentradas, enfocadas.
Mas todo es ilusión, apenas soledad,
Sufrimos, a veces lloramos,
Mas, ellas están ahí...
Inquietudes

Nos sentimos solas en medio de la multitud
Perdidas, sufridas, engañadas,
Fragmentadas, desconsoladas, aisladas.
Mas, no hay caso, están presentes en medio de la multitud
Sólo inquietud, ilusión, sin emoción.

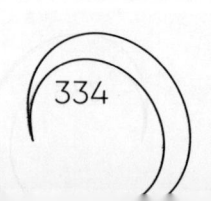

Continuamente la mente trabaja, calcula que es una misma lucha
Mas de nada valen tantas reflexiones,
Son inquietudes.

Tratamos de ser invisibles, parecer insensibles,
Intangibles...
Mas no hay caso,
Son inquietudes.

En la oscuridad de la noche, encogidas en un rincón
Estamos llorando, sin una lágrima siquiera...
Disfrazamos, no enfrentamos ni siquiera una verdad,
Son inquietudes.

UM SÁBIO NA CABECEIRA
Max Raposo

O dia nasce — um tipo de milagre.
O sol brilha
como se tivesse saído da manga de um mágico.
Você acorda deixando para trás um sudário:
fragmentos de dias, histórias duplicadas
— e até que venha o entendimento você espalha pela casa
pequenas averiguações, enquanto limpa a fuligem da noite:
a mesa de trabalho, o abajur de pé,
um cabideiro de onde pende
uma camisa.
Nessa zona de silêncio, a manhã inicia sua marcha.
O ontem é uma cortina:
do outro lado, o passado é uma estátua imóvel.
Não importa se o seu pé direito
virá depois do esquerdo.
Você desperta
sem levar em conta que não há um sábio na cabeceira de sua
cama
que lhe possa dar conselhos;
dizer que caminhar exige um regresso.
Na verdade, o ponto de partida
também é aonde chegamos.
Eis a coisa principal: somos fortes.

Cada passo é um caminho inteiro deixado a nós por descobrir.
Num só minuto, há tempo
para que o dia ensine onde cada palavra se ajusta
— alguns homens matariam por isso.

Existem pessoas que nunca iremos conhecer.
Livros que nunca serão lidos.
Uma viagem que em tempo algum será feita.
Mas lembre-se: é uma arte
– cada segundo que um homem viveu sem se dar conta
é o início e o fim.
Portanto, passe a aprender mais
do que havia planejado compreender,
e enfim
suponha que por muito que pareça inútil,
a parcimônia desse esquema o ajudará a percorrer a estrada:
cada degrau como quem passa a página de um livro.
Agora imagine um mundo
onde você se alegra com um simples raio de luz
que escape pela cortina.
Sorrindo para nada em particular,
você se convence de que também é feliz
com qualquer coisa que encontre no bolso.
Acrescente a isso a imaginação
aos dias infelizes
e afaste o espanto das noites de pesadelo.
Por fim, encontre a palavra-chave,
para onde os códigos se escrevam com beijos
— ali, onde se multiplicam os temores —,
e embora o destino lhe fustigue os ombros
reaja como um afogado que volta do mar
sem o medo dos peixes.

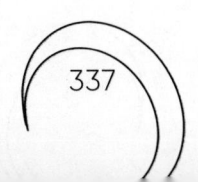

UN SABIO EN LA CABECERA

El día nace — un tipo de milagro.
El sol brilla
como si hubiera salido de la manga de un mago.
Te despiertas dejando atrás un sudario:
fragmentos de días, historias duplicadas
— y hasta que venga el entendimiento te desparramas por la casa
pequeñas averiguaciones, mientras limpias el hollín de la noche:
la mesa de trabajo, la lámpara de pie,
un colgador del que pende
una camisa.
En esta zona de silencio, la mañana inicia su marcha.
El ayer es una cortina:
del otro lado, el pasado es una estatua inmóvil.
No importa si tu pie derecho
vendrá después del izquierdo.
Te despiertas
sin tener en cuenta que no hay un sabio en la cabecera de tu cama
que te pueda dar consejos;
decir que caminar exige un regreso.
En verdad, el punto de partida
también es adonde llegamos.
He aquí lo principal: somos fuertes.

Cada paso es un camino entero que nos han dejado por descubrir.
En tan sólo un minuto, hay tiempo
para que el día enseñe dónde cada palabra se ajusta
— algunos hombres matarían por esto.
Existen personas que nunca conoceremos.

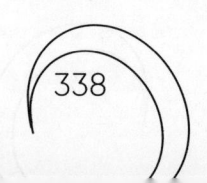

Libros que nunca serán leídos.
Un viaje que en ningún tiempo será hecho.
Pero acuérdate: es un arte
— cada segundo que un hombre ha vivido sin darse cuenta
es el principio y el fin.
Por tanto, empieza a aprender más
de lo que habías planeado comprender,
y en fin
supón que por mucho que parezca inútil,
la parsimonia de este esquema te ayudará a recorrer la estrada:
cada escalón como quien pasa la página de un libro.
Ahora imagina un mundo
en que te alegras con un simple rayo de luz
que escape por la cortina.
Sonriéndole a nada en particular,
te convences de que también eres feliz
con cualquier cosa que encuentres en el bolsillo.
Agrega a esto la imaginación
a los días infelices
y aleja el espanto de las noches de pesadilla.
Por fin, encuentra la palabra-clave,
donde los códigos se escriban con besos
— allí, donde se multiplican los temores ,
y aunque el destino te fustigue los hombros
reacciona como un ahogado que vuelve del mar
sin miedo de los peces.

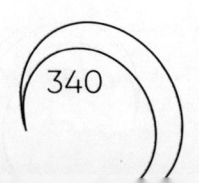

UNI.VERSAL
Mila Bedin Polli

a poesia
une
uma
rima
à outra
(im)perfeita
assonante
um
verso
reverso
branco
livre
solto
voa
com suas
asas
de algodão
até
atravessar
um coração.
único verso
uni verso
cósmico

UNI.VERSAL

la poesía
une
una
rima
a la otra
(im)perfecta
asonante
un
verso
reverso
blanco
libre
suelto
vuela
con sus
alas
de algodón
hasta
atravesar
un corazón.
único verso
uni verso
cósmico

DAMA
Milla Nater

Dama da noite,
Dama da vida,
Dama da noite,
É uma dama esquecida.

Dama da noite que vaga no céu,
Se esconde de dia,
E, à noite, retira seu véu.

Astro de luz,
Que de branco se veste,
É por todos conhecido
Esse ser celeste.

Você pode ver essa dama da rua,
Pois essa dama
É a Lua.

DAMA

Dama de la noche,
Dama de la vida,
Dama de la noche,
Es una dama olvidada.

Dama de la noche que vaga en el cielo,
Se esconde de día,
Y, de noche, retira su velo.

Astro de luz,
Que de blanco se viste,
Es por todos conocido,
Ese ser celeste.

Tú puedes ver a esa dama de la calle,
Pues esa dama
Es la Luna.

A ÚLTIMA VEZ
Mirelle Cristina da Silva

A última vez que fui lá
A última vez que saí para brincar no quintal
A última vez que procurei

A última vez

A última vez no útero materno
A última vez que comi uma carambola
A última vez que toquei no assunto

A última vez

A última vez que me apaixonei
A última vez que menti
A última vez que sonhei acordada

A última vez

A última vez que sonhei dormindo
A última vez que chorei
A última vez que vi a pessoa

A última vez

A última vez que errei
A última vez que briguei
A última vez que dancei

A última vez

A última vez que dormi mal
A última vez que perdi algo
A última vez que tentei
A última vez que...

A última vez

LA ÚLTIMA VEZ

La última vez que fui allá
La última vez que salí para jugar en el patio
La última vez que busqué

La última vez

La última vez en el útero materno
La última vez que comí una carambola
La última vez que hablé del asunto

La última vez

La última vez que me apasioné
La última vez que mentí
La última vez que soñé despierta

La última vez

La última vez soñé durmiendo
La última vez que lloré
La última vez que vi a la persona

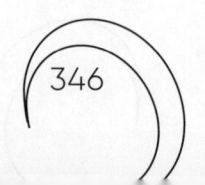

La última vez

La última vez que me equivoqué
La última vez que reñí
La última vez que bailé

La última vez

La última vez que dormí mal
La última vez que perdí algo
La última vez que intenté
La última vez que...

La última vez

SONHAR CONHECER
Moacir Angelino

Do alto e do centro vem a inspiração que tinha a unidade cósmica de revelar, inundando o coração do ser.

Se o amar é real
Fomenta teu Sonhar para Conhecer
A alegria do viver

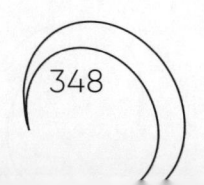

SOÑAR CONOCER

De lo alto y del centro viene la inspiración que tenía la unidad cósmica de revelar, inundando el corazón del ser.

Si el amar es real
Fomenta tu Soñar para Conocer
La alegría de vivir

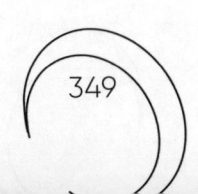

ENTRE LÍRIOS E LÁBIOS
Mozane Dutra de Sousa

Uma flor de poesia recheada de amor
Meus suspiros sufocados
Desses olhos a saltitarem faíscas
Degustando suco dos vinhedos
Em teus saborosos lábios macios

Ao sentir-me o sabor de teus lábios
Que faz estremecer-me às vísceras
Evaporando chamas desse amor ardente
Por áureas sendas ao porvir desse amor
Nessas horrendas incertezas
Ver-me-eis minhas afeições por ti
Vulgo puro amor perfilhado

Entre Lírios e lábios
Esse furor de amor vendaval rugindo
Tua alma inundando a minha
Aquela boca em turbilhões sonoros
Enlouquecia-me de desejos...

Vibrava minha mordida na taça
Gélida trêmula mordaça
Lábios sequiosos com néctar doçura
Esse seu perfil nevado e lúcido!
Com seu ar deslumbrante e senhoril
Melosa voz ouriça alma até o infinito.

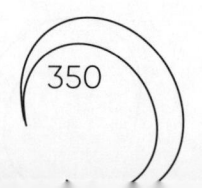

ENTRE LIRIOS Y LABIOS

Una flor de poesía rellena de amor
Mis suspiros sofocados
De esos ojos que sueltan chispas
Degustando jugo de las viñas
En tus sabrosos labios blandos

Al sentirme el sabor de tus labios
Que me estremece las vísceras
Evaporando llamas de ese amor ardiente
Por áureos senderos al porvenir de ese amor
En esas horrendas incertezas
En mí verás mis afectos por ti
Vulgo puro amor perfilado

Entre Lirios y labios
Ese furor de amor vendaval rugiendo
Tu alma inundando la mía
Aquella boca en torbellinos sonoros
Me enloquecía de deseos...

Vibraba mi mordida en la copa
Gélida trémula mordaza
Labios sedientos con néctar dulzura
¡Ese perfil nevado y lúcido!
Con su aire deslumbrante y señoril
Melosa voz eriza alma hasta el infinito.

RITMOS CALIENTES
Neusa Amaral

Coração palpita, agita, em silêncio grita,
Dispara ao adentrar numa certa suíte.
Tantas expectativas, sentia-me uma deusa:
Em certos braços másculos tão desejados.

Na volúpia do desejo entre abraços e beijos,
Ao som de *My Reason*, despimo-nos:
Eu à moda antiga, de cinta-liga; grande fetiche!
Entregamo-nos ao clímax, ao êxtase!

Todo cenário é verdadeiro, todo sentimento é real,
Porém tudo não passa de um sonho!
Poderia ter sido, mas não foi.
Não foi por quê? Porque não foste.

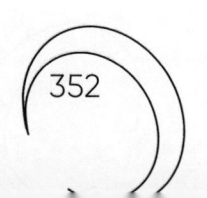

RITMOS CALIENTES

Corazón palpita, agita, en silencio grita,
Dispara al adentrar en una cierta suite.
Tantas expectativas, me sentía una diosa:
En ciertos brazos másculos tan deseados.

En la voluptuosidad del deseo entre abrazos y besos,
Al son de My Reason, nos desnudamos:
Yo a la moda antigua, con liguero; ¡gran fetiche!
Nos entregamos al clímax, ¡al éxtasis!

Todo escenario es verdadero, todo sentimiento es real,
Sin embargo ¡todo no pasa de un sueño!
Podría haber sido, pero no lo fue.
¿Por qué no lo fue? Porque no fuiste.

ENAMORADOS

Osalda Maria Pessoa

Quem pode explicar quanto custa
A vida longe daqueles que se ama?
De um amor terno e ditoso?

Deus, quem será igual a quem se ama?
Quem tem tanto amor e tão puro?
Uma união perfeita e sem apuros?

Que maldade dos bárbaros mares,
Que desgarram e separam corações de si,
Duas metades amadas, aqui...

Deleitando-se em lágrimas a correr,
Não sejam bem-vindas, lágrimas nostálgicas!
Não sejam bem-vindas, lágrimas lamentáveis!

Oh, Deus bom, sereno e onipotente,
Em meu peito não estarão bem guardadas,
De meu peito, lágrimas derramadas!

— Nós separados! Não, querida, consola-me...
— Divino, a melhor companhia de minha parte!
— Oh, única e completa toda minha.

— Meu encanto, meu amado, meu tudo!
De finuras, de palavras, de esperanças.

Oh, estrelas benignas, nunca havia visto,
De um fino amor suspiro algum,
Juntos ou separados seremos uno.

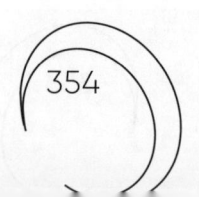

ENAMORADOS

Quién puede explicar cuánto cuesta
La vida lejos de aquellos que ama?
De un amor tierno, dulce y dichoso?

Dios! Quién será igual a quién se ama?
Quién ha tenido tanto amor y tan puro?
Una unión perfecta y sin apuros?

Qué maldad de los bárbaros mares,
Que desgarran y separan corazones de si,
Dos mitades amadas aquí...

Deleitandose en lágrimas a correr,
No sean bienvenidas, lágrimas nostálgicas!
No sean benvenidas, lágrimas lamentables!

Oh, Dios, bueno, sereno y omnipotente,
En mi pecho no estaran bien guardadas,
De mis ojos, lágrimas derramadas!

— Nosotros separados! No, querida, consuélame...
— Divino, la mejor compañía de mi parte!
— Oh, única y completa toda mía!

— Mi encanto, mi amado, mi todo!
Un de lo otro, celestiales lembranças,
De finuras, de palabras, de esperanzas.

Oh, estrellas benignas, nunca ha mirado,
De um fino amor suspiro algún,
Juntos o separados seremos uno.

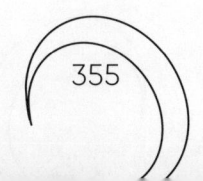

CINTURÃO DE ÓRION
Patrícia Ruiz

Queria ver as estrelas,
mas não a elas somente.
Queria a elas...
e a ele.

No escuro, sozinhos, os três.

Ele disse que as veríamos:
"Algum dia veremos, querida!"
E esse "querida", num tom cheio de vida,
Foi, a seu modo, um adeus.

Passaram-se então vários dias,
muitas noites passaram também.
Até que percebi que com ele nunca as veria,
porque estrelas não se veem algum dia,
só alguma noite,
talvez.

CINTURÓN DE ORIÓN

Quería ver las estrellas,
mas no a ellas solamente.
Las quería a ellas...
y a él.

En lo oscuro, solos, los tres.

Él dijo que las veríamos:
"¡Algún día veremos, querida!"
Y ese "querida", en un tono lleno de vida,
Fue, a su modo, un adiós.

Pasaron entonces varios días,
muchas noches pasaron también.
Hasta que percibí que con él nunca las vería,
porque estrellas no se ven algún día,
sólo alguna noche,
tal vez.

MADONA
Paulo Rogério

Ó minha mãe, na tua casa os ninos
Não precisam chorar para afagá-los;
O teu colo de flor adocicada
Nos alivia as nossas enxaquecas...

Daquele chão de argila modelando
Nosso rostinho mudo as mãos macias...
Nossos trajos tão pobres, tu os cosias
Com toda a prestitude de teus dedos...

Ó minha mãe, à luz das madrugadas
Do caritó dos velos de tua alma,
Dormiram na saudade mil poetas...

O mundo aqui revolta e nos vulnera...
Devolvo um doce olhar para tanto afeto,
Pensando as chagas de uma escultura...

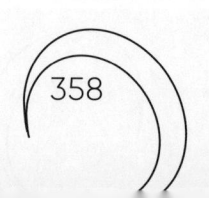

MADONA

Oh madre mía, en tu casa los niños
No necesitan llorar para consolarlos;
Tu regazo de flor azucarada
Alivia nuestras jaquecas...

De aquel piso de arcilla modelando
Nuestra carita muda las manos suaves...
Nuestros trapos tan pobres, tú los cosías
Con toda la presteza de tus dedos...

Oh madre mía, a la luz de las madrugadas
De la choza de los velos de tu alma,
Durmieron en la añoranza mil poetas...

El mundo aquí subleva y nos vulnera...
Devuelvo una dulce mirada para tanto afecto,
Pensando las llagas de una escultura...

CIA. CASTANHA
(DESEJOS DE CAJÁ)
Paulo Rogério

Um anjo ponderou: ViolênCia. Castanha *(termo demasiado inábil para ser escandido; crendo eu, ainda, malgrado seu, houvesse a proposta desinteressadamente poética perseguida).*
Meu anjo regado a desejos de cajá, fruta com gosto de luar.
Insensata chama a força ilógica e oblíqua de um olhar-poema (tão castanhos)!
Insensato menino que fazia versos e soltava pipa na casa da Tia Neguinha!
Insensatos meus!

CIA. CASTAÑA
(DESEOS DE CAJÁ)

*Un ángel ponderó: ViolenCia. Castaña (término
demasiado inhábil para ser medido;
creyendo yo, aún, a su pesar, hubiera
la propuesta desinteresadamente poética perseguida).
Mi ángel regado con deseos de cajá, fruta con gusto de claro de luna.
¡Insensata llama la fuerza ilógica y oblicua de un mirar-poema
(tan castaños)!
¡Insensato niño que hacía versos y empinaba papalote en casa
de Tía Neguinha!
¡Insentatos míos!*

A MENINA BRASILEIRA QUE REZOU NA ARGENTINA

Gema Galgani da Fonseca

UNIVERSO, desponta na peneira ideais de aprendizados e evoluções
Ainda tateando passos imaturos, passará pela alfândega ou não?
Esbarrões aqui e ali entre estrangeiros, olhos procuram familiaridade
A menina não imagina que a aventura será coletiva e solitária...

Chegadas marcando diferenças de linguagem, tratamentos de toda ordem
Corpo cansado entre corre-corre, o que será amanhã?
Este já acontecendo no correr da noite... ansiedades e sonhos.
As janelas da educação são psicodinâmicas, coloridas e transformadoras...

Experiências de fascinação, pelo mundo de possibilidades vão me seduzindo
Tantos profissionais, saberes e películas de experiências me inquietando
Despertar de emocionalidade e linguagens compondo magníficas poesias
Inimaginável que outro saber transporia o solo sagrado dos acadêmicos

Sonhos de completa formação, percurso inevitavelmente interrompido.
Face o não sabido, eu meio algumas subjetividades humanas
O quão elas nos impactam... frustrante e anestesiando desejos.

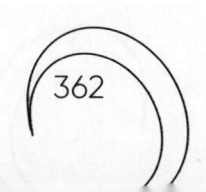

Ainda peregrinando alma pulsante no amor pelos universos múltiplos

Da Educação, Psicologia, Psicanálise e Literatura; dia muito sozinha!
Rezando dentro da linda e grandiosa Igreja, que experiência inaudível...
Senhora elegante e muito amável, ofereceu lenço às minhas lágrimas

Falamos da presença divina, aonde você estiver... Deus...
Café e diálogo sobre amores e vida... pura poesia
Entre poesias além fronteiras, fé e eu voltando para casa.

LA NIÑA BRASILEÑA QUE REZÓ EN ARGENTINA

UNIVERSO, despunta en el tamiz ideales de aprendizajes y evoluciones
Aun tanteando pasos inmaduros, ¿pasará por la aduana o no?
Chocando aquí y allí entre extranjeros, ojos buscan familiaridad
La niña no imagina que la aventura será colectiva y solitaria...

Llegadas marcando diferencias de lenguaje, tratamientos de todo orden
Cuerpo cansado entre corre-corre, ¿qué será mañana?
Este ya aconteciendo en el correr de la noche... ansiedades y sueños.
Las ventanas de la educación son psicodinámicas, coloridas y transformadoras...

Experiencias de fascinación, por el mundo de posibilidades me van seduciendo
Tantos profesionales, saberes y películas de experiencias inquietándome
Despertar de emocionalidad y lenguajes componiendo magníficas poesías
Inimaginable que otro saber transpondría el suelo sagrado de los académicos

Sueños de completa formación, recorrido inevitablemente interrumpido.
Frente a lo no sabido, en medio de algunas subjetividades humanas
Cuánto nos impactan... frustrante y anestesiando deseos.

Aún peregrinando alma pulsante en el amor por universos
múltiples

De la Educación, Psicología, Psicoanálisis y Literatura; idía muy
sola!
Rezando dentro de la linda y grandiosa Iglesia, qué experiencia
inaudible...
Señora elegante y muy amable, ofreció pañuelo a mis
lágrimas

Hablamos de la presencia divina, dondequiera que estés... Dios...
Café y diálogo sobre amores y vida... pura poesía
Entre poesías más allá de fronteras, fe y yo volviendo a casa.

UNI VERSO
Pedro Ribeiro

Minha poesia é um canto,
um sopro do espírito
que escreve cada verso em minha alma

minha mente segue as inspirações,
eu apenas transcrevo os versos
que me foram revelados

é o espírito que ora em mim,
eu apenas uno os versos,
e crio poesias

minha poesia é fruto do espírito,
pois, tua força penetrou minha mente e meu peito,
eu apenas escrevo tua palavra

cada verso expressa o sabor
do agir do espírito em minha alma

minha poesia é um suspiro do amor de Deus
que canta em minha alma,
eu apenas uno os versos
e suspiro poesias.

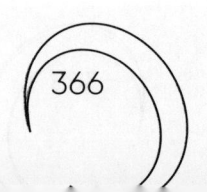

UNI VERSO

Mi poesía es un canto,
un soplo del espíritu
que escribe cada verso en mi alma

mi mente sigue las inspiraciones,
yo apenas transcribo los versos
que me fueron revelados

es el espíritu que reza en mí,
yo apenas uno los versos,
y creo poesías

mi poesía es fruto del espíritu,
pues, tu fuerza ha penetrado mi mente y mi pecho,
yo apenas escribo tu palabra

cada verso expresa el sabor
del obrar del espíritu en mi alma

mi poesía es un suspiro del amor de Dios
que canta en mi alma,
yo apenas uno los versos
y suspiro poesías

CAMINHO
Priscila Mello

Olhando sem enxergar
Florestas e Veados
Quase ouvi Portinari me falar
"Respira mais devagar
Deixa o medo dissipar
Dá um passo para o lado
Encosta devagar"

A coragem que te falta
É o caminho pra chegar

Caminho que, de tanto caminhar, se perde
Foi ali
Logo depois de Di Cavalcanti
No momento de comparar o tamanho das mãos
Já sem ar
Percebi que era por essa estrada que eu queria andar
Meus pulmões se encheram
E eu voltei a respirar

Quase ouvi Portinari me falar
"Respira mais devagar
Mas não para de caminhar
Solta o que não cabe levar
Silencia a razão
E mesmo que te falte o ar
Que, de ti, escorra coragem
De amar"

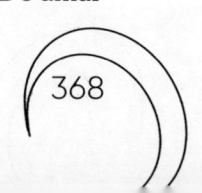

CAMINO

Mirando sin ver
Bosques y Venados
Casi oí a Portinari diciéndome
"Respira más despacio
Deja que el miedo se disipe
Da un paso hacia el otro lado
Recuéstate despacio"

El coraje que te falta
Es el camino para llegar

Camino que, de tanto caminar, se pierde
Fue allí
Justo después de Di Cavalcanti
En el momento de comparar el tamaño de las manos
Ya sin aire
Percibí que era por esa estrada que yo quería andar
Mis pulmones se llenaron
Y volví a respirar

Casi oí a Portinari diciéndome
"Respira más despacio
Mas no pares de caminar
Deja lo que no cabe llevar
Silencia la razón
Y aunque te falte el aire
Que, de ti, escurra el coraje
De amar"

NATURALMENTE BELA

Queilla Gonçalves

Única e surpreendente
Difícil de definir
No olhar, no sorriso
No seu modo de agir.
Mostra-se camaleoa
De princesa a leoa
Dependendo do que quer
Não hesita, indomável
E com a força da mulher
Toma as rédeas, segue em frente
Apegada a sua fé!
Misteriosa e superior
A tudo o que se pode ver
Mostras ao espelho o quanto é tolo
Em tentar te descrever.
As marcas que possui
São peças que se encaixam
E montam o quebra-cabeça
De quem realmente é
Vão aos poucos revelando
A beleza escondida
No simples jeito de ser
Naturalmente inerente
Da essência da mulher!

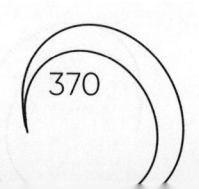

NATURALMENTE BELLA

Única y sorprendente
Difícil de definir
En la mirada, en la sonrisa
En su modo de actuar.
Muéstrase camaleona
De princesa a leona
Dependiendo de lo que quiere
No duda, indomable
Y con la fuerza de la mujer
Toma las riendas, sigue adelante
¡Apegada a su fe!
Misteriosa y superior
A todo lo que se puede ver
Muestras al espejo cuánto es tonto
Intentar describirte.
Las marcas que posees
Son piezas que se encajan
Y forman el rompecabezas
De quien realmente eres
Van poco a poco revelando
La belleza escondida
En el simple modo de ser
Naturalmente inherente
¡A la esencia de la mujer!

DESPRENDIMENTO
Rafaéla Milani Cella

Trancado
Calado
Estático
Falsidades
Necessidade de fazer para ser
Escuro
Olhos fechados
Carrega o fardo de muitos porque quer
Quem está a sua volta nem cogita dividir o peso
Se aprisiona por conta própria
Sorriso nos lábios, dor no coração
Soldadinho de chumbo, de ferro, de carne, de lágrimas
Desmorona por dentro
Intacto e perfeito por fora
Mentira! Fraco, amedrontado, sem saber o próximo movimento
Cintilar de fagulha da esperança

Despertar para o apenas ser
Dor
Desprende
Descola
Doloroso

O corpo reage a contragosto
Padece
Guerra constante entre a razão e a emoção
Agonia

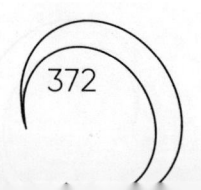

Aceitar que precisa de ajuda
Aflição
Clama por socorro
Lágrimas
O primeiro passo nem é tão "passo" assim
Lá dentro já sente a mudança
A mente insiste em continuar nos antigos moldes
É prático, normal, fácil
Dificuldade em largar o peso
Transformação
A alma transborda
O corpo sente
A mente trabalha a seu favor
O conjunto entra no compasso
A sincronia se estabelece
O ser enaltece
Antes vazio
Agora cheio do poder de escolhas
Ar
Abrir para a imensidão do mundo
Sentir o novo
Ser para si, inteiro

DESPRENDIMIENTO

Encerrado
Callado
Estático
Falsedades
Necesidad de hacer para ser
Oscuro
Ojos cerrados
Carga el fardo de muchos porque quiere
Quien está a su alrededor ni piensa en dividir el peso
Se aprisiona por cuenta propia
Sonrisa en los labios, dolor en el corazón
Soldadito de plomo, de hierro, de carne, de lágrimas
Desmorona por dentro
Intacto y perfecto por fuera
¡Mentira! Débil, asustado, sin saber el próximo movimiento
Cintilar de chispas de esperanza

Despertar al apenas ser
Dolor
Desprende
Despega
Doloroso

El cuerpo responde a regañadientes
Padece
Guerra constante entre la razón y la emoción
Agonía

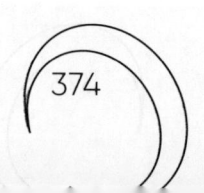

Aceptar que necesita ayuda
Aflicción
Clama por socorro
Lágrimas
El primer paso ni es tan "paso" así
Allá dentro ya siente la transformación
La mente insiste en continuar con los antiguos moldes
Es práctico, normal, fácil
Dificultad de soltar el peso
Transformación
El alma transborda
El cuerpo siente
La mente trabaja a su favor
El conjunto entra en el compás
La sincronía se establece
El ser enaltece
Antes vacío
Ahora lleno del poder de escoger
Aire
Abrir a la inmensidad del mundo
Sentir lo nuevo
Ser para sí, entero

A VIDA QUE EU HEI DE VIVER
Raquel Ramos Romani

A vida que eu hei de viver será longa e bela e feliz
Estender-me-ei pelos campos verdes carregados de uma doce aragem
Não farei paradas abruptas
Voarei planando de tal forma que pensarão que pararei
Mas seguirei, e agora no encalço das ondas
E nesse ir e vir, brincarei
Brincarei de vida plena e terei olhos
Apenas para o belo e bom
Serei novamente criança
Quando a noite chegar e me encontrarem assim, de brincadeira
Sorrirei cobrindo o rosto com as mãos ainda sujas de areia
Espiarei entre os dedos antes de despedir-me das ondas
Planando, entrarei na floresta para o merecido repouso
Deitar-me-ei entre os galhos da maior árvore
Que me acolherá feito berço
Embalará meu sono e meus sonhos
Cuidará de meu corpo, até que, por fim, esse também se torne tronco

LA VIDA QUE HE DE VIVIR

La vida que he de vivir será larga y bella y feliz
Me extenderé por los campos verdes llenos de una dulce
brisa
No haré pausas abruptas
Volaré planeando de tal forma que pensarán que pararé
Mas seguiré, y ahora persiguiendo las olas
Y en ese ir y venir, jugaré
Jugaré a la vida plena y tendré ojos
Apenas para lo bello y bueno
Seré nuevamente niño
Cuando la noche llegue y me encuentren así, jugando
Sonreiré cubriendo el rostro con las manos aún sucias de arena
Espiaré entre los dedos antes de despedirme de las olas
Planeando, entraré en el bosque para el merecido reposo
Me tumbaré entre las ramas del mayor árbol
que me acogerá hecho cuna
Mecerá mi dormir y mis sueños
Cuidará mi cuerpo, hasta que, por fin, este también se vuelva tronco

JOÃO DE BARRO EM CHAMAS

Regina Silveira

Pela fúria da fumaça, céu azul partido ao meio
atiça algumas retinas: não chega a ser ameaça.

(No mar cinzento da ira, ateou fogo na casa, o pescador
em Bombinhas).

Sem o juízo da razão, na ira do isolamento,
da pandemia, o tormento, sem amor na companhia.

Sangravam suas mãos vazias, mal amanhecia o dia,
manchadas, e a dor das ainda vivas arraias,
passadas e repassadas pelas areias da praia
para o barco do senhor.

(Sem o retorno da escola,
a mulher se foi embora?
Filhos, sem ter a merenda, saíram a catar esmola?)

Foi ali, bem perto a João de Barro.
De chão batido, a ruazinha
vizinha (era quase ao lado!)
do recém-inaugurado
suntuoso supermercado.

JOÃO DE BARRO EN LLAMAS

*Por la furia del humo, cielo azul partido al medio
atiza algunas retinas: no llega a ser amenaza.*

*(El en mar ceniciento de la ira, prendió fuego a la casa, el
pescador en Bombinhas).*

*Sin el juicio de la razón, en la ira del aislamiento,
de la pandemia, el tormento, sin amor de compañía.*

*Sangraban sus manos vacías, mal amanecía el día,
manchadas, y el dolor de las rayas aún vivas,
pasadas y repasadas por las arenas de la playa
al barco del señor.*

*(Sin la vuelta de la escuela,
¿la mujer se fue?
¿Hijos, sin tener la merienda, salieron a pedir limosna?)*

*Fue allí, bien cerca de João de Barro.
De piso de tierra, la callecita
vecina (¡estaba casi al lado!)
del recién inaugurado
suntuoso supermercado.*

ASTROFILIA
Renata Neiva

O amor pelas galáxias
estrelas e espaço
é como se uma divindade
tão longínqua e distante
Retornasse com um abraço.
Eu, astronauta dos meus sentimentos,
em tempos
em órbita
faço um traço
são quatrocentos
anos-luz
do sistema solar
e a saudade
do meu verdadeiro
Lar.

ASTROFILIA

El amor por las galaxias
estrellas y espacio
es como si una divinidad
tan longincua y distante
Regresase con un abrazo.
Yo, astronauta de mis sentimientos,
en tiempos
en órbita
hago un trazo
son cuatrocientos
años luz
del sistema solar
y la añoranza
de mi verdadero
Hogar.

VOLTA, QUERIDA!!!
Roberto Ferrari

Estou sentado à beira da praia
Olhar fixo no horizonte
Encontro do céu com o mar azul e infinito
Penso em ti.

Meus olhos perdidos na imensidão
Veem navios movendo-se lentamente
Parecem parados na linha do infinito
E continuo pensando em ti.

Penso em nosso amor, em nossos momentos
Na triste separação de nossas almas
Nas noites em que te amei loucamente
E lágrimas descem dos meus olhos copiosamente.

Saudades! Saudades!
Quando lembro de ti parece que o tempo para
Parece que meu coração sangra
E minha alma clama por ti.

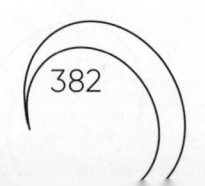

Onde estás?
Não te encontro ao meu lado
Nem nos meus sonhos
Estou triste nesta espera interminável.

Volta, amor, vem me abraçar
Vem me beijar
Teus braços são meu aconchego
Teu corpo, minha perdição!

Te amo sobre todas as coisas, querida!
Volta!!!

¡¡¡VUELVE QUERIDA!!!

Estoy sentado en la orilla de la playa
Mirada fija en el horizonte
Encuentro del cielo con el mar azul e infinito
Pienso en ti.

Mis ojos perdidos en la inmensidad
Ven barcos moviéndose lentamente
Parecen detenidos en la línea del infinito
Y continúo pensando en ti.

Pienso en nuestro amor, en nuestros momentos
En la triste separación de nuestras almas
En las noches en que te amé locamente
Y lágrimas salen de mis ojos copiosamente.

¡Nostalgia! ¡Nostalgia!
Cuando me acuerdo de ti parece que el tiempo se detiene
Parece que mi corazón sangra
Y mi alma clama por ti.

¿Dónde estás?
No te encuentro a mi lado
Tampoco en mis sueños
Estoy triste en esta espera interminable.

Vuelve, amor, ven a abrazarme
Ven a besarme
Tus brazos son mi abrigo
¡Tu cuerpo, mi perdición!

¡Te amo sobre todas las cosas, querida!
¡Vuelve!

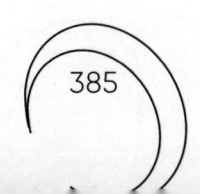

ÀQUELE
Robsom H. B. Colli

Senhor absoluto dos Homens, a ele pertencemos,
por ele bendizemos e amaldiçoamos, nascemos, lutamos e morremos.
Dia após dia, de geração em geração, desde Adão, ou das cavernas da Etiópia
Tentamos domá-lo, colocá-lo a nosso dispor, e neste torpor não nos damos conta
Que desde o momento em que a vida e ele se encontram, já estamos em desvantagem.

Segue ele irredutível, insubmisso, imparável, não liga e não faz conta de nós.
Somos seus vassalos, "avancem", diz ele, pois não sabe o que é parar
Não nos permite alterar aquilo que já fizemos, apenas refletir
Só podemos chorar ou rir, voltar atrás jamais.

Um amor, um reino, vulcões e tempestades, a ele isso pouco importa
Sequer se altera, mesmo toda uma era para ele não faz diferença
Uma doença, uma benção, terremotos, guerras, luto
Nada muda seu curso, segue ele soberbo, soberano e absoluto.

Ele nos apressa, ele nos atrasa, nos tem em suas mãos,
E quando achamos que a ele não deveremos mais nada,
Ao findar de nossa existência,
Ele segue seu domínio sobre nós, mesmo que disso não mais saibamos.

A AQUEL

Señor absoluto de los Hombres, a él pertenecemos,
por él bendecimos y maldecimos, nacemos, luchamos y morimos.
Días tras día, de generación en generación, desde Adán, o de las cavernas de Etiopía
Intentamos domarlo, ponerlo a nuestra disposición, y en ese torpor no nos damos cuenta
Que desde el momento en que la vida y él se encuentran, ya estamos en desventaja.

Sigue irreductible, insumiso, imparable, no se preocupa ni se importa con nosotros.
Somos sus vasallos, "avancen", dice él, pues no sabe qué cosa es parar
No nos permite alterar aquello que ya hicimos, apenas reflexionar
Sólo podemos llorar o reír, volver atrás jamás.

Un amor, un reino, volcanes y tempestades, esto poco le importa
Siquiera se altera, aun toda una era para él no tiene importancia
Una enfermedad, una bendición, terremotos, guerras, luto
Nada cambia su curso, sigue soberbio, soberano y absoluto.

Nos apura, nos retrasa, nos tiene en sus manos,
Y cuando creemos que a él no deberemos nada más,
Al final de nuestra existencia,
Sigue su dominio sobre nosotros, aunque eso ya no lo sepamos.

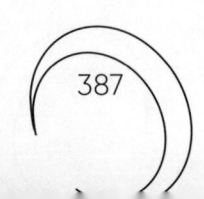

CANÇÃO MADRILENHA
Ronaldson (SE)

Sob o sol de Espanha
Gaudí modula rochas
relevos cavernas
varizes de ônix...
o sol alinhava colossos de construção
arranha o céu de sangue
e profana dogmas: magmas humanos.

Cabral sevilha andando...
Gaudí saúda Goya Velázquez
arquiteta touradas na pedra
— mosaicos do touro madrilenho.

oh, Espanha dolente e rubra ao sol
há guernicas em cada canto do mundo.

CANCIÓN MADRILEÑA

Bajo el sol de España
Gaudí modula rocas
relieves cavernas
várices de ónix...
el sol alineaba colosos de construcción
araña el cielo de sangre
y profana dogmas: magmas humanos.

Cabral sevilha caminando...
Gaudí saluda a Goya Velásquez
arquitecta corridas de toros en la piedra
— mosaicos de toro madrileño.

oh, España doliente y rubra al sol
hay guernicas en cada rincón del mundo.

METEOROS
Rosane Tietbohl

Sou um furacão devorador de galáxias
Eu assimilo o tempo e o universo no meu verso
Eu decifro cores, aromas, geometrias...
Tudo o que captura minha mente
Lente aberta, escancarada,
Recebendo a chuva de raios cósmicos,
As sinfonias de frequências telúricas e astrais
Que plasmam as formas harmônicas da criação
Que trazem em si os códigos de ADaN Lilith, Eva, Serpente, Dragão...
Flores e ervas
Árvores e mamutes
Búfalos e águias
Girassóis e leões
E todos os que ainda não vieram à luz nessa Via Láctea que criou o tempo
No primeiro giro da primeira partícula dançante.
Navegando num mar de símbolos, vou
Afogando meus sentidos
Entre os signos,
Sofrendo o êxtase dos atravessamentos
Como o céu rasgado pelas setas de luz dos meteoros
Que se derramam na noite silenciosa
Enquanto amantes trocam carícias
Sob este mesmo céu
Em um pequeno planeta que chamam de Terra.

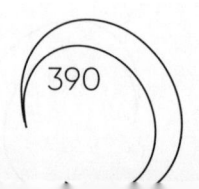

METEOROS

Soy un huracán devorador de galaxias
Asimilo el tiempo y el universo en mi verso
Descifro colores, aromas, geometrías...
Todo lo que capta mi mente
Lente abierto, de par en par,
Recibiendo la lluvia de rayos cósmicos,
Las sinfonías de frecuencias telúricas y astrales
Que plasman las formas armónicas de la creación
Que traen en sí los códigos del ADáN Lilith, Eva, Serpiente,
Dragón...
Flores y hierbas
Árboles y mamuts
Búfalos y águilas
Girasoles y leones
Y todos los que todavía no han salido a la luz en esta Vía Láctea
que ha creado el tiempo
En el primer giro de la primera partícula danzante.
Navegando en un mar de símbolos, voy
Ahogando mis sentidos
Entre los signos,
Sufriendo el éxtasis de las encrucijadas
Como el cielo rasgado por las flechas de luz de los meteoros
Que se derraman en la noche silenciosa
Mientras amantes intercambian caricias
Bajo este mismo cielo
En un pequeño planeta que llaman Tierra.

ENTARDECER PLÚMBEO

Rosauria Castañeda

Através da janela vejo lá fora noitecer
E uma multidão apressada na chuva padecer
Quem volta pra casa... um idoso sozinho
Ou um homem cansado, alguém sem carinho
Uma mulher preocupada, uma moça apaixonada
uma trabalhadora assalariada, uma pessoa decepcionada
Um homem realizado ou alguém insatisfeito
Que vive sem amor sem alguém no peito
Quem volta pra casa... aquela estudante
Que aprendeu a lição porque estudou bastante
E aquele rapaz de mochila com material desportivo?
Será que tem um amor? Será que é emotivo?
Mulheres de mãos dadas serão mãe e filha
Talvez duas amigas ou um casal que brilha?
E aquela mulher linda parecendo artista?
Corre no meio da chuva com uma sombrinha bonita
Passou a chuva, a rua está deserta e agora, escureceu
As pessoas foram pra casa e na janela... restou eu

ATARDECER PLÚMBEO

A través de la ventana veo allá fuera anochecer
Y una multitud llena apurada en la lluvia padecer
Quién vuelve a casa... un anciano solo
O un hombre cansado, alguien sin cariño
Una mujer preocupada, una muchacha apasionada
una trabajadora asalariada, una persona decepcionada
Un hombre realizado o alguien insatisfecho
Que vive sin amor sin alguien en el pecho
Quién vuelve a casa... aquella estudiante
Que aprendió la lección porque ha estudiado bastante
¿Y aquel muchacho con mochila y material deportivo?
¿Será que tiene un amor? ¿Será que es emotivo?
Mujeres de manos dadas serán madre e hija,
¿Tal vez dos amigas o una pareja que brilla?
¿Y aquella mujer linda que parece artista?
Corre en medio de la lluvia con una sombrilla bonita
Ha pasado la lluvia, la calle está desierta y ahora, ha oscurecido
Las personas se han ido para casa y en la ventana... he quedado yo

SOBRE AS BOAS PERGUNTAS
Rose Chiappa

Boas perguntas
gosto delas. são desafiantes.
(não são movidas pela curiosidade abelhuda e intrometida)
Boas perguntas. são movidas pelo desejo de entendimento e progresso
tem o poder de movimentar um matacão!
Boas perguntas. Cutucam... Desafiam... Instigam... Movimentam...
Ah! Uma boa pergunta...
na busca por suas respostas, o inimaginável pode acontecer...
Boas perguntas. abrem caminhos. descortinam possibilidades.
Boas perguntas... Levam a maravilhosos lugares!
Boas perguntas... são LI.BER.TA.DO.RAS! quebram grilhões rompem barreiras, mesmo as autoimpostas — a mais cruel das barreiras.
Boas perguntas... fecham e abrem ciclos. têm a capacidade de mudar a rota de uma Vida
— e por serem boas, mudam para Melhor! —
Boas perguntas... Passaporte para uma viagem fantástica!
— a do Autoconhecimento —
Boas perguntas levam-nos para Dentro de Nós Mesmos
— terreno inexplorado nessa "Era da Superficialidade" —
As Boas Perguntas exigem
respostas tecidas no Silêncio e na Introspecção, às vezes, na Solidão.
Boas Perguntas podem mudar o mundo
e oferecer aquilo que hoje tanto carece às vidas:
S. E. N. T. I. D. O.

SOBRE LAS BUENAS PREGUNTAS

Buenas preguntas
me gustan. son desafiantes.
(no las mueve la curiosidad indiscreta y entrometida)
Buenas preguntas. las mueve el deseo de entendimiento y progreso
¡tienen el poder de mover un matacán!
Buenas preguntas. Azuzan... Desafían... Instigan...
Mueven...
¡Ah! Una buena pregunta...
en busca de sus respuestas, lo inimaginable puede suceder...
Buenas preguntas. abren caminos. abren posibilidades.
Buenas preguntas... ¡Llevan a maravillosos lugares!
Buenas preguntas... ¡son LI.BE.RA.DO.RAS! rompen cadenas rompen barreras. aun las autoimpuestas — la más cruel de las barreras.
Buenas preguntas... cierran y abren ciclos. tienen la capacidad de cambiar la ruta de una Vida
— y por ser buenas, cambian para Mejor! —
Buenas preguntas... ¡Pasaporte para un viaje fantástico!
— el del Autoconocimiento —
Buenas preguntas nos llevan para Dentro de Nosotros Mismos
— terreno inexplorado en esta "Era de la Superficialidad" —
Las Buenas Preguntas exigen
respuestas tejidas en el Silencio y en la Introspección, a veces, en la Soledad.
Buenas Preguntas pueden cambiar el mundo
y ofrecer aquello que hoy tanto falta a las vidas:
S. E. N. T. I. D. O.

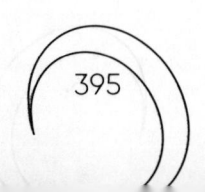

PALAVRAS EM DELÍRIO
Rubiane Guerra

Entre linhas e folhas
Entre filmes e magias
Eu me despedaço
Me dou e me cicatrizo

Loucura e sensatez
Liberdade fugaz
No papel o desenho mais nobre
Vívida memória em um desdobre

Palavras guardadas ao infinito
Escondidas na magia
Doces vidas em noites frias

Fugazes loucuras armazenadas
...Na arte, na pele, na alma
Pra sempre lembradas

...Sutilezas de um aprendiz...

PALABRAS EN DELIRIO

Entre líneas y hojas
Entre filmes y magias
Yo me despedazo
Me doy y me cicatrizo

Locura y sensatez
Libertad fugaz
En el papel el dibujo más noble
Vívida memoria en un desdoble

Palabras guardadas al infinito
Escondidas en la magia
Dulces vidas en noches frías

Fugaces locuras almacenadas
...En el arte, en la piel, en el alma
Para siempre recordadas

...Sutilezas de un aprendiz...

PARTES DE UM TODO
Sérgio Stähelin

Uma parte de mim se oculta... outra, se revela;
Uma parte de mim é semente... outra, apenas hiberna;
Uma parte de mim é síntese... outra, decomposição;
Uma parte de mim é vaidade... outra, pura paixão.

Uma parte de mim sobrevive... outra, apenas vive;
Uma parte de mim se perdeu... outra, detive;
Uma parte de mim é pensamento... outra, inspiração;
Uma parte de mim é solidez... outra, sublimação.

Uma parte de mim chora... outra, acalenta;
Uma parte de mim se despe... outra, vestimenta;
Uma parte de mim é empatia... outra, coração;
Uma parte de mim tem fé... outra, gratidão.

Uma parte de mim é intuição... outra, discernimento;
Uma parte de mim é fração... outra, complemento;
Uma parte de mim é argila... outra, criação;
Uma parte de mim é partitura... outra, canção.

Uma parte de mim é tempero... outra, equilíbrio;
Uma parte de mim fantasia... outra, emana brio;
Uma parte de mim é divisão... outra, multiplicação;
Uma parte de mim transforma... outra, é evolução.

Sou parte de um grande amor, sou fruto de copulação;
Sou desejo, sou sonho, conquista e realização;
Fui uma parte de um todo, *crossing-over*, permutação;
Sou parte do Universo, um sopro da Divina Criação.

PARTES DE UN TODO

Una parte de mí se oculta... otra, se revela;
Una parte de mí es semilla... otra, apenas hiberna;
Una parte de mí es síntesis... otra, descomposición;
Una parte de mí es vanidad... otra, pura pasión.

Una parte de mí sobrevive... otra, apenas vive;
Una parte de mí se perdió... otra, detuve;
Una parte de mí es pensamiento... otra, inspiración;
Una parte de mí es solidez... otra, sublimación.

Una parte de mí llora... otra, calienta;
Una parte de mí se desnuda... otra, vestimenta;
Una parte de mí es empatía... otra, corazón;
Una parte de mí tiene fe... otra, gratitud.

Una parte de mí es intuición... otra, discernimiento;
Una parte de mí es fracción... otra, complemento;
Una parte de mí es arcilla... otra, creación;
Una parte de mí es partitura... otra, canción.

Una parte de mí es condimento... otra, equilibrio;
Una parte de mí fantasía... otra, emana brío;
Una parte de mí es división... otra, multiplicación;
Una parte de mí transforma... otra, es evolución.

Soy parte de un gran amor, soy fruto de copulación;
Soy deseo, soy sueño, conquista y realización;
Fui una parte de un todo, crossing-over, permutación;
Soy parte del Universo, un soplo de la Divina Creación.

ONDE ESTÁ MINHA MÃE

Simone Garcia

Ei, demência, cadê minha mãe?
Onde você a escondeu?
Ela ainda voltará?
E a demência em atitudes me responde.
Está aqui brincando de esconde-esconde.
Quem sabe voltará daqui um instante.
Antes algumas coisas a deixo lembrar e
devagar vou mais um pouco a deixar se lembrar.
Mas tua mãe ainda está lá,
é só se empenhar e fazê-la de ti e dos outros lembrar.
Antes eram os lapsos de memória, às vezes até engraçados,
Agora, na constante de sua inconsciência, me pergunto: Onde ela está?
Mesmo estando em casa, sempre se arruma e diz querer ir para casa.
É fato a doença, maltrata ela e nós, os mais íntimos de seu convívio.
Em sua cabeça alucinada sou a mãe, a tia,
a doutora e muitas vezes a empregada.
E ela diz cedinho quando levanta:
"Acorda menina, desaforada, não vê que já é manhã?
Vai fazer o café, todos têm que ir trabalhar.
Quer passar mais tempo deitada do que eu?"
É assim nosso dia a dia,
Até um dia essa maldita doença deixar de nos molestar.
Só peço a Deus que tenha dó, que não a deixe sofrer,
não permita essa doença a todos nós mais atormentar.

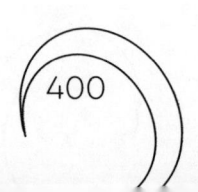

DONDE ESTÁ MI MADRE

¿Ey, demencia, dónde está mi madre?
¿Dónde la escondiste?
¿Ella aún volverá?
Y la demencia con talante me responde.
Está aquí jugando al escondido.
Quién sabe volverá en un instante.
Primero algunas cosas la dejo recordar y
despacio voy dejando que se acuerde un poco más.
Pero tu madre todavía está allá,
basta empeñarse y hacerla de ti y de los otros recordar.
Antes eran los lapsos de memoria, a veces divertidos,
Ahora, en la constante de su inconsciencia, me pregunto:
"¿Dónde está?"
Aun estando en casa, siempre se arregla y dice que quiere ir a
casa.
Es un hecho la enfermedad, la maltrata a ella y a nosotros, los
más íntimos de su convivio.
En su cabeza alucinada soy la madre, la tía,
la doctora y muchas veces la empleada.
Ella dice tempranito cuando se levanta:
"Despierta, niña desaforada, ¿no ves que ya es de mañana?
Ve a preparar el café, todos tienen que ir a trabajar.
¿Quieres pasar más tiempo acostada que yo?"
Es así nuestro día a día,
Hasta que un día esa maldita enfermedad deje de molestarnos.
Sólo le pido a Dios que tenga piedad, que no la deje sufrir,
no permita que esa enfermedad a todos nos atormente más.

DISTÂNCIA
Sofia Lopes

Um toque impalpável ao longo de sua coluna
É noite — entregue ao torpor, você dorme

Pálpebras cerradas, e no entanto
Tênues cintilâncias
Sutis ruídos
Sustentam a vigília
Suaves inquietações
Detêm o corpóreo

Em meio ao reino do
Langor onírico
Seus olhos buscam
Reflexos vítreos —
Superfícies de parecença

Sua imagem reluz,
A vista repousa sobre
Constelações em seu peito
Asterismos não mapeados, sem nome

(Eu os vejo, uma faísca distante;
Contas ao longo da garganta
De uma abóbada crepuscular
E lhe alcanço — um toque impalpável
Ao longo de sua coluna
Verte a matéria — poeira iridescente
De que as estrelas são feitas.)

DISTANCIA

Un toque impalpable a lo largo de tu columna
Es de noche — entregada al torpor, tú duermes

Párpados cerrados, y no obstante,
Tenues destellos
Sutiles ruidos
Sustentan la vigilia
Suaves inquietudes
Detienen lo corpóreo

En medio del reino de la
Languidez onírica
Tus ojos buscan
Reflejos vítreos —
Superficies de semejanza

Tu imagen reluce,
La visión reposa sobre
Constelaciones en tu pecho
Asterismos no mapeados, sin nombre

(Yo los veo, una chispa distante;
Tienes a lo largo de la garganta
Una bóveda crepuscular
Y la alcanzo — un toque impalpable
A lo largo de tu columna
Vierte la materia — polvo iridiscente
De que las estrellas están hechas.)

MELANCOLIA
Sônia Carolina

Meu pobre flamboyant
meu preferido,
já não floresce mais na primavera.
E no esplendor da tarde,
quando agoniza o dia,
na luz vermelha
que o poente exala,
vejo seus braços,
rudes e tristes,
estendidos no infinito azul,
onde uma vez mais gorjeia em prece
o anu-preto.
E muito embora
a luz e o perfume das açucenas
embaracem o dia que se esvai
em infinitas ânsias,
em laivos de dor e de tristeza,
a caminhar, solene
em seu inverno eterno,
o tronco rude
exibe a dor
da florada que não houve,
na espera triste
de tudo aquilo que não veio.

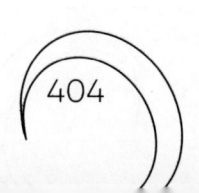

MELANCOLÍA

Mi pobre flamboyán
mi preferido,
ya no florece en la primavera.
Y en el esplendor de la tarde,
cuando agoniza el día,
en la luz roja
que el poniente exhala,
veo sus brazos,
rudos y tristes,
extendidos en el infinito azul,
donde una vez más gorjea en oración
el anu negro.
Y por mucho
que la luz y el perfume de las azucenas
enreden el día que se desvanece
en infinitas ansias,
en premoniciones de dolor y de tristeza,
caminando, solemne
en su invierno eterno,
el tronco rudo
exhibe el dolor
de la florada que no hubo,
a la espera triste
de todo aquello que no llegó.

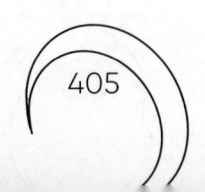

HAICAIS
Sônia Gomes

SUMÁRIO DECRETO
Incoerente sentir-se triste e rejeitada
pela amiga: reincidente ou não,
decrete-a causa falida.

A METAMORFOSE
Onde se encontra a beleza
vestida de branca seda?
Seria humana ou de outro planeta?

O FIM
A indiferença implica silêncio incompreendido,
toxicidade em pauta, não quero nem deixo ir,
o amor, deveras rompido.

HAIKÚS

SUMARIO DECRETO
Incoherente sentirse triste y rechazada
por la amiga: reincidente o no,
decrétala causa perdida.

LA METAMORFOSIS
¿Dónde se encuentra la belleza
vestida de blanca seda?
¿Sería humana o de otro planeta?

EL FIN
La indiferencia implica silencio incomprendido,
toxicidad en cuestión, no quiero ni dejo ir,
el amor, de veras roto.

DESATANDO NÓS
Sônia Gomes

Seria a solidão uma ausência alheia?
Seria a solidão uma completa incompletude?
Seria a solidão o vazio da lembrança?
Seria a solidão o caos do pessimismo?

Solidão é presença, é o hoje, o agora.
O vazio é a ausência.
Solidão, estado de consciência.

A escolha não é do outro, tampouco está fora,
ela é minha, daquele, dela...
a cada um a sua parcela.

Solidão, grito do inconsciente a se fazer presente.
Não sou ontem, sequer amanhã.
Sou a joia, o ouro, o talismã.

Posso estar cercada e, ainda assim, sentir-me só...
Solidão, a carência pelo abandono de si mesmo...
Liberto-me desse emaranhado, desfaço agora esse nó!

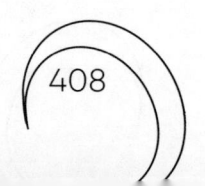

DESATANDO NUDOS

¿Sería la soledad una ausencia ajena?
¿Sería la soledad una completa inconclusión?
¿Sería la soledad un vacío del recuerdo?
¿Sería la soledad el caos del pesimismo?

Soledad es presencia, es el hoy, el ahora.
El vacío es la ausencia.
Soledad, estado de conciencia.

La opción no es del otro, tampoco está afuera,
ella es mía, de aquél, de ella...
a cada uno su parcela.

Soledad, grito del inconsciente que se hace presente.
No soy ayer, siquiera mañana.
Soy joya, el oro, el talismán.

Puedo estar cercada y, aun así, sentirme sola...
Soledad, la carencia por el abandono de sí mismo...
¡Me libero de este enmarañado, desato ahora este nudo!

MUNDO INCRÍVEL
Sonia Szàrin

O mundo não é um lugar incrível?
Nos acomoda a todos, cada um do seu jeito
Inusitado, imperfeito, incomum
Nos incentiva a voar alto
Ensina a sermos grandes
Mas nos atrai de volta ao chão
Desnudando nossos medos íntimos e irracionais
Nos isolando nos pequenos universos de nossas vidas
Como se fôssemos somente... versos
A gravidade pode manter nossos corpos presos à terra
Enquanto a imaginação espalha nossas almas pelo céu
Isso não é incrível?

MUNDO INCREÍBLE

¿El mundo no es un lugar increíble?
Nos acomoda a todos, cada uno a su manera
Inusitado, imperfecto, incomún
Nos incentiva a volar alto
Nos enseña a ser grandes
Sin embargo nos atrae de vuelta al suelo
Desnudando nuestros miedos íntimos e irracionales
Aislándonos en los pequeños universos de nuestras vidas
Como si fuésemos solamente... versos
La gravead puede mantener nuestros cuerpos sujetos a la tierra
Mientras la imaginación esparce nuestras almas por el cielo
¿Esto no es increíble?

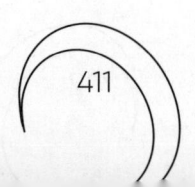

AMOR, RESILIÊNCIA E POESIA OU RECEITA DAS ÁRVORES

Stella Ventura de Souza

As flores das árvores, tão belas, tão perfumadas,
foram podadas para não sujar o chão...
Sujar?!?!
O que há com o mundo?!?!
Onde estão os olhares que contemplam,
as vozes que enaltecem,
as mãos que cuidam?

O dia grisa, mas o sol insiste em me aquecer.
Ele entende!
Minha primavera se foi e uma friagem pandêmica me perturba.
O que há com o mundo?!?!
Avessa ao rumo insensível dos dias me inflamo
ora raiva, ora dor, ora amor.

Ah... o amor!!!
As árvores voltarão a florir a despeito da rejeição sofrida.
Não se importam,
não se curvam,
não se moldam,
são o que SÃO!

Me encantam, me ensinam e me sopram poesia...

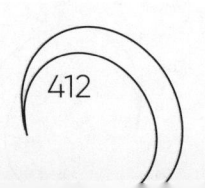

AMOR, RESILIENCIA Y POESÍA O RECETA DE LOS ÁRBOLES

Las flores de los árboles, tan bellas, tan perfumadas,
han sido podadas para no ensuciar el suelo...
¡¿¡¿Ensuciar?!?!
¡¿¡¿Qué está pasando con el mundo?!?!
¿Dónde están las miradas que contemplan,
las voces que enaltecen,
las manos que cuidan?

El día se hace gris, pero el sol insiste en calentarme.
¡Él entiende!
Mi primavera se ha ido y una frialdad pandémica me
perturba.
¡¿¡¿Qué está pasando con el mundo?!?!
Contraria al rumbo insensible de los días me inflamo
ora rabia, ora dolor, ora amor.

¡¡¡Ah... el amor!!!
Los árboles volverán a florecer a pesar del menosprecio sufrido.
No les importa,
no se curvan,
no se moldean,
¡son lo que SON!

Me encantan, me enseñan y me soplan poesía...

VERSOS DISPERSOS
Su Canfora

Esses meus versos
Tão dispersos
Soltos no universo
São meus desejos
Mais profundos
De colorir o mundo
De espalhar beleza
Com as cores da natureza
De encantar a vida
Como uma primavera florida
De levar a leveza
Do voo da borboleta
Da joaninha no jardim
Do pássaro cantando feliz
Da lua refletida no lago
De mostrar a simplicidade da felicidade
De uma criança brincando contente
E tomando sorvete
Meus versos diversos, dispersos
Precisos, transversos são assim
Soltos ao vento, na brisa ao relento
Uni versos, unindo universos
Envolvendo pensamentos
E voltando para mim!

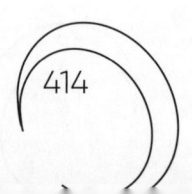

VERSOS DISPERSOS

Estos mis versos
Tan dispersos
Sueltos en el universo
Son mis deseos
Más profundos
De colorear el mundo
De esparcir la belleza
Con los colores de la naturaleza
De encantar la vida
Como una primavera florida
De llevar la levedad
Del vuelo de la mariposa
De la mariquita en el jardín
Del pájaro cantando feliz
De la luna reflejada en el lago
De mostrar la simplicidad de la felicidad
De un niño jugando contento
Y tomando helado
Mis versos diversos, dispersos
Preciosos, transversos son así
Sueltos al viento, en la brisa al sereno
Uni versos, uniendo universos
Envolviendo pensamientos
¡Y volviendo a mí!

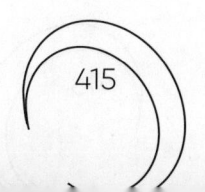

SÓ
Sueli de Cássia

Ah, solidão!
Por que insiste em acompanhar-me?
Vê, estou sem forças.
Como te resistir?
Chegas extenuante
Debilitando o que já se encontrava fraquejado.
Vai, segue os ventos a outros rumos.
Quero vida, quero cores
Entrar em êxtase perante a natureza viva
Vibrar com o coro de crianças entoando
Cantigas de roda
Enlevar a alma ao canto dos pássaros
Banhar-me ao sol, à chuva, ao sereno tépido.
Não. Não deixarei que se aposses de mim.
Serei forte e com garra
Hei de exterminar-te
Deixando livre o caminho para a vida
Para as cores.
Vai, vai solidão.
Segue os ventos a outros rumos.

SOLO

¡Ah, soledad!
¿Por qué insistes en acompañarme?
Mira, estoy sin fuerzas.
¿Cómo te resistiré?
Llegas extenuante
Debilitando lo que ya se encontraba sin fuerzas.
Ve, sigue los vientos por otros caminos.
Quiero vida, quiero colores
Entrar en éxtasis frente a la naturaleza viva
Vibrar como el coro de niños entonando
Canciones de rueda
Entretener el alma con el canto de los pájaros
Bañarme al sol, en la lluvia, al sereno tibio.
No. No dejaré que te apoderes de mí.
Seré fuerte y con garra
He de exterminarte
Dejando libre el camino a la vida
A los colores.
Ve, ve soledad.
Sigue los vientos por otros caminos.

ENCANTOS DA LUA
Sueli de Cássia

Oh, lua!
Que bela aparição a sua
A iluminar as mesmas ruas
Onde outrora a vi brilhar.
Lá, na singeleza da infância a apreciava,
Na inquietude da adolescência, ao vê-la, suspirava enamorada...
E na juventude, em meio às atribulações vividas,
Noutros céus, noutras ruas, a perdi...
Tempos de lutas, tempos de buscas em meio a incertezas... quase a esqueci...
Mas cá está. Bela como sempre, decerto.
E na leveza e liberdade conquistadas,
Volto a vê-la, sinto-a, banho-me do seu brilho!
Então, inebriada de feliz sentimento
Em devaneios, faço as pazes com o passado que provocou distâncias.
Entre lágrimas e sorrisos, gratidão!
Oh, lua! Que bela aparição a sua!

ENCANTOS DE LA LUNA

¡Oh, luna!
Que bella aparición la tuya
Iluminando las mismas calles
Donde antaño la vi brillar.
Allá, en la ingenuidad de la infancia la apreciaba,
En la inquietud de la adolescencia, al verla, suspiraba enamorada...
Y en la juventud, en medio de las tribulaciones vividas,
En otros cielos, en otras calles, la perdí...
Tiempos de luchas, tiempos de búsquedas en medio de incertezas... casi la olvidé...
Pero aquí está. Bella como siempre, ciertamente.
Y en la levedad y libertad conquistadas,
¡Vuelvo a verla, la siento, me baño en su brillo!
Entonces, embriagada de feliz sentimiento
En devaneos, hago las paces con el pasado que provocó distancias.
Entre lágrimas y sonrisas, ¡gratitud!
¡Oh, luna! ¡Que bella aparición la tuya!

SEUS SORRISOS EM MIM
Suênia Livene

Ao acordar com um abraçado bom-dia.
Ao degustar suas delícias criativas.
Ao fitar suas artes favoritas.
Ao dormir com suas carícias declarativas.

Durante os dias apreciamos as refeições prediletas e em meio às conversas, sorrisos e olhares equilibramos as perfeitas imperfeições entreabertas.

Em mim ficaram as lembranças dos sentimentos vívidos, que foram belos, únicos e enternecidos.
Compartilhados em manias, contos, felicidades, e também, em desejos, sonhos, teimosias e liberdades.

Me emociono pela ausência destes encontros impossíveis, quando relembro a dança, o beijo, a corrida e a escrita, dos seus sorrisos em mim ainda aprazíveis.

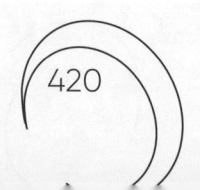

TUS SONRISAS EN MÍ

Al despertar con un abrazado buenos días.
Al degustar tus delicias creativas.
Al contemplar tus artes favoritas.
Al dormir con tus caricias declarativas.

Durante los días apreciamos las comidas predilectas y
en medio a las conversaciones, sonrisas y miradas
equilibramos las perfectas imperfecciones entreabiertas.

En mí quedaron los recuerdos de los sentimientos vívidos,
que fueron bellos, únicos y enternecidos.
Compartimos manías, cuentos, felicidades, y
también, deseos, sueños, obstinaciones y libertades.

Me emociono por la ausencia de estos encuentros imposibles,
cuando recuerdo de la danza, el beso, la corrida y la escrita,
de tus sonrisas en mí todavía aplacibles.

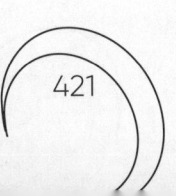

ENTRE NUANCES
Suênia Livene

Há desejos passageiros, persistentes e realizados
entre bocas avassaladoras, suaves e discordantes.
Há olhares ternos, indecifráveis e zangados
em meio à plateia dos expectantes.
Há escutas seduzentes que despertam os olhantes
em cheiros inspirados e emocionantes.
Há sentimentos cultivados, vívidos e enfatizantes
entre vidas encontradas e edificantes.
Há vibrações, cores e corpos delineados
em efeitos passageiros, duradouros e tocantes.
Há falas, promessas e dizeres confiantes
em pessoas, familiares, amigos e errantes.
Há lugares, paisagens e destinos circulantes,
em dias e noites matizados entre nuances,
dos tatos conectados no primeiro enlace.

ENTRE MATICES

Hay deseos pasajeros, persistentes y realizados
entre bocas avasalladoras, suaves y discordantes.
Hay miradas tiernas, indescifrables y enfadadas
en medio de la reunión de los expectantes.
Hay escuchas seductoras que despiertan en los que miran
olores inspirados y emocionantes.
Hay sentimientos cultivados, vívidos y enfáticos
entre vidas encontradas y edificantes.
Hay vibraciones, colores y cuerpos delineados
por efectos pasajeros, duraderos y conmovedores.
Hay palabras, promesas y decires llenos de confianza
en personas, familiares, amigos y errantes.
Hay lugares, paisajes y destinos circulantes,
en días y noches variados entre matices,
de los tactos conectados en el primer enlace.

RAIO DE SOL
Suyanne Jhossemy

Gosto do frio na barriga
A atenção recíproca
Do carinho nas palavras
E até da fome perdida
Gosto das frases ditas
De procurar teu sorriso
E dessa sua voz linda

Gosto do raio de sol
Que invade a minha mente
Logo pela manhã
E desperta em mim
Aquela vontade de amar.
Quando você está aqui
Eu gosto de sonhar
gosto de pensar
Que nada pode me fazer parar de sorrir.

Eu olho para o céu
E tenho mais motivos para agradecer
Principalmente por você existir.

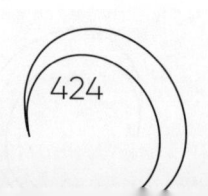

RAYO DE SOL

Me gusta el frío en la barriga
La atención recíproca
Del cariño en las palabras
Y hasta del hambre perdida
Me gustan las frases dichas
Buscar tu sonrisa
Y esa tu voz linda

Me gusta el rayo de sol
Que invade mi mente
Temprano en la mañana
Y despierta en mí
Aquellas ganas de amar.
Cuando estás aquí
Me gusta soñar
me gusta pensar
Que nada puede hacerme parar de sonreír.

Miro al cielo
Y tengo más motivos para agradecer
Principalmente porque tú existes.

MENINA MULHER
Tayla Marinho

Não era uma vez
Pois ela ainda é
Nada no mundo tem poder
Sobre a menina mulher

Apaixonada e imbatível
Trocou sua coroa por um boné
Com os cabelos soltos ao vento
Ela corre sentindo a grama nos pés

Um coração bondoso
Como o dela não há outro
Com o seu seu sorriso solto
O mundo se encanta com a menina mulher

NIÑA MUJER

No era una vez
Pues ella todavía es
Nada en el mundo tiene poder
Sobre la niña mujer

Apasionada e imbatible
Cambió su corona por una gorra
Con los cabellos sueltos al viento
Ella corre sintiendo la hierba en los pies

Un corazón bondadoso
Como el de ella no hay otro
Con su sonrisa suelta
El mundo se encanta con la niña mujer

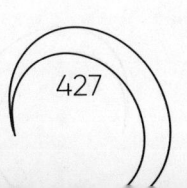

POETISA
Tayla Marinho

Sentada à sombra da árvore
Com seu caderno a mão
A jovem escreve seus versos
Para acalmar o coração

Ela desistiu de chorar
Agora aprendeu a poetizar
Cada palavra uma lágrima
Cada verso um pesar

Mas há dias que é só alegria
Tudo tem mais melodia
Cada nota, cada acorde
Lá vai ela a dançar

Ela aprendeu que nem tudo são flores
Sempre a espinhos, sempre a dores
Mas com um sorriso no rosto
Segue ela com o vento
A Menina poetisa
Em seu eterno poetizar.

POETISA

Sentada a la sombra del árbol
Con su cuaderno en la mano
La joven escribe sus versos
Para calmar el corazón

Desistió de llorar
Ahora aprendió a poetizar
Cada palabra una lágrima
Cada verso un pesar

Pero hay días que son sólo alegría
Todo tiene más melodía
Cada nota, cada acorde
Ahí va ella a bailar

Aprendió que no todo son flores
Siempre espinas, siempre dolores
Mas con una sonrisa en el rostro
Sigue al viento
La Niña poetisa
En su eterno poetizar.

SOPRO
Thamara Mir

Tudo é um sopro
na ferida que arde,
na flauta transversa
no coração e no fogo.

No deserto você pode lembrar seu nome
correnteza do vazio arrebenta e dilacera
miragem translúcida some
coreografia arcaica da espera.

O tempo é uma invenção
dançando entre versos do avesso
o acorde da mais linda canção.

Palavras líquidas escorrem pela ponta do dedo
júbilo, poesia e ficção.

O medo do voo é o risco da queda
no sopro da vida
o vento que traz
é o mesmo que leva.

SOPLO

Todo es un soplo
en la herida que arde,
en la flauta transversa
en el corazón y en el fuego.

En el desierto puedes recordar su nombre
corriente de vacío rompe y dilacera
espejismo translúcido desaparece
coreografía arcaica de la espera.

El tiempo es una invención
danzando entre versos al revés
el acorde de la más linda canción.

Palabras líquidas se escurren por la punta del dedo
júbilo, poesía y ficción.

El miedo del vuelo es el riesgo de la caída
en el soplo de vida
el viento que trae
es el mismo que lleva.

O POETA
Túlio Velho Barreto

Ao poeta e multiartista
Jorge Lopes (1951-2024)

a vulgar pergunta
(quem é o poeta?)
insiste, vai e retorna —
entorna o caldo

o poeta? não é vento
mas semeia o tempo

percorre caminhos
trilhas e encruzilhadas
habita loucos lugares

segue por avenidas
estreitos e travessas
em territórios fugazes

o poeta? é dragão
que prescinde do chão —
e sábio e lépido
voa na contramão

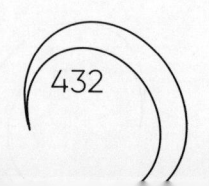

EL POETA

>Al poeta y multiartista
>Jorge Lopes (1951-2024)

la vulgar pregunta
(¿quién es el poeta?)
insiste, va y vuelve —
derrama el caldo

¿el poeta? no es viento
pero siembra el tiempo

recorre caminos
senderos y encrucijadas
habita locos lugares

sigue por avenidas
pasadizos y callejones
en territorios fugaces

¿el poeta? es dragón
que prescinde del suelo —
y sabio y ligero
vuela en sentido contrario

ACORDES DA VIDA
Val Matoso Macedo

Sonoras melodias
Dançam como ondas
Brilham nos seus tons
Desfilam em poesias
Em ritmos solenes
Versos submersos
Ecoam pelos ares
Harmonia no dedilhar
Vozes dos corações
Nuvens passageiras
Ventos que sussurram
Desejam inspirar
Acordes da vida
Nos seus trajetos
Encantam almas
Ritmos frenéticos.
Mãos estendidas
Unem versos, emoções
Vale a conciliação
A integração
A vontade de exprimir
Nos movimentos
Nas nostalgias
Na doçura do existir.

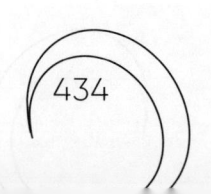

ACORDES DE LA VIDA

Sonoras melodías
Danzan como olas
Brillan en sus tonos
Desfilan en poesías
En ritmos solemnes
Versos sumergidos
Resuenan por los aires
Armonía en el pulsar
Voces del corazón
Nubes pasajeras
Vientos que susurran
Desean inspirar
Acordes de la vida
En sus trayectos
Encantan almas
Ritmos frenéticos.
Manos extendidas
Unen versos, emociones
Vale la conciliación
La integración
La voluntad de expresar
En los movimientos
En las añoranzas
En la dulzura del existir.

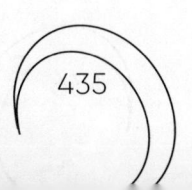

ESCÁRNIO
Valdimiro da Rocha Neto

Ao voltar para casa, depois de tua partida,
O tempo se tornou fugaz e vazio
Segundos, minutos, horas, dias e semanas
Pareciam uma rota sem destino
Que me levavam ao teu corpo
e ao êxtase emocional que nos proporcionáramos

Embora soubesse onde estava,
O que mais me perturbava era o cheiro doce
Que transbordava do cobertor,
Que maldosamente cobrira sua pele cálida.

Passei a odiar o batom carmim em sua boca,
Os cabelos encaracolados a exalar jasmim,
Os dedos entrelaçados nos meus,
Seu hálito no amanhecer,
Seus olhos cor de mel que adoçavam meus dias,
Odeio seu sorriso fácil e largo que me encantou.

Mas, antes, tenho nojo de mim mesmo.

Por não ter forças para me despir de você,
Por esperar sua volta,
Por não te querer apenas para uma única vida,
Por não ter frustrado sua partida
E pedido que fizesse morada em minha vida

Se amarei outra pessoa, não sei,
Pois meu corpo está impregnado de você.

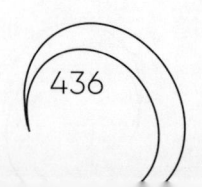

ESCARNIO

Al regresar a casa, después de tu partida,
El tiempo se ha vuelto fugaz y vacío
Segundos, minutos, horas, días y semanas
Parecían una ruta sin destino
Que me llevaban a tu cuerpo
y al éxtasis emocional que nos proporcionamos

Aunque supiese donde estaba,
Lo que más me perturbaba era el olor dulce
Que transbordaba del cobertor,
Que maliciosamente cubriera su piel cálida.

Empecé a odiar el lápiz carmesí en su boca,
Los cabellos encaracolados exhalando jazmín,
Los dedos entrelazados en los míos,
Su aliento al amanecer,
Sus ojos color de miel que endulzaban mis días,
Odio su sonrisa fácil y amplia que me encantara.

Más bien, siento asco de mí mismo.

Por no tener fuerzas para desnudarme de ti,
Por esperar tu regreso,
Por no quererte apenas para una única vida,
Por no haber frustrado tu partida
Y pedir que hicieras tu morada en mi vida

Si amaré a otra persona, no sé,
Pues mi cuerpo está impregnado de ti.

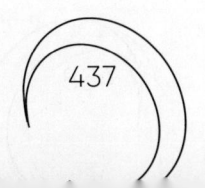

DOIS ESTRANHOS
Walter Luiz Gonçalves

Sei do seu passado sem glória
Dos seus passos na escuridão
Da sua armadura de ferro
— Feita de papelão.

Conheço sua coragem e seus gritos.
Suas figurinhas repetidas
Seus segredos de justiça
Seus moinhos de vento
Seus fiéis escudeiros
Suas rotas de fuga.

Conheço as linhas da sua mão
Os segredos dos seus anéis
Cada um dos seus dedos
E suas unhas postiças.

Seus cavalos alados e fortes
Que testemunharam sua bravura
Estão perdidos na Catalunha.

O vento de hoje não move moinhos.
Sinto sua boca sem doce
E sua língua sem assunto.

Somos agora completos estranhos
Vivendo num pretérito imperfeito
Chorando sobre o testamento
De um mesmo Dom Quixote.

DOS EXTRAÑOS

Sé de su pasado sin gloria
De sus pasos en la oscuridad
De su armadura de hierro
— Hecha de cartón.

Conozco su coraje y sus gritos.
Sus figuritas repetidas
Sus secretos de justicia
Sus molinos de viento
Sus fieles escuderos
Sus rutas de fuga.

Conozco las líneas de su mano
Los secretos de sus anillos
Cada uno de sus dedos
Y sus uñas postizas.

Sus caballos alados y fuertes
Que atestiguaron su bravura
Están perdidos en Cataluña.

El viento de hoy no mueve molinos.
Siento su boca sin dulce
Y su lengua sin asunto.

Somos ahora completos extraños
Viviendo en un pretérito imperfecto
Llorando sobre el testamento
De un mismo Don Quijote.

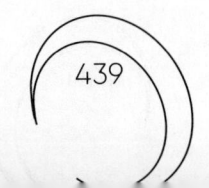

DESERTO
Warliton Sousa

Vivo num infindo deserto
Sonhando versos solenes no vento a pairar
Aqui faço meu ateliê que opera e canta
E os céus a nos fazer amparar de amor

Quando esse sol de brasa sobe ao firmamento
Bate em raios fatais na minha poesia
Tropeço em palavras como em chão de pedra

E, quando vier o tempo da transcendência
Quero compor églogas e idílios
Em meio às areias, ver nascer os ramos das flores
No azul, um *Baudelaire* posto na janela

Então eu vou sonhar com horizontes azulados
Os desamores batendo na porta em vão
Pois eu, nesse deserto, proíbo-me de chorar.

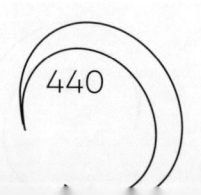

DESIERTO

Vivo en un interminable desierto
Soñando versos solemnes en el viento que flota
Aquí hago mi taller que opera y canta
Y los cielos que nos amparan del amor

Cuando este sol de brasa sube al firmamento
Choca sus rayos fatales con mi poesía
Tropiezo en palabras como en piso de piedra

Y, cuando venga el tiempo de la transcendencia
Quiero componer églogas e idilios
En medio de las arenas, ver nacer los ramos de las flores
En el azul, un Baudelaire en la ventana

Entonces voy a soñar con horizontes azulados
Los desamores tocando a la puerta en vano
Pues yo, en este desierto, me prohíbo llorar.

TANTO PASSADO SE FEZ
Yael Lyubliana

O tempo passou.
Eu pisquei, tu piscaste, ele piscou.
E... de repente, tanto passado se fez.

Se fez tudo aquilo que os mais velhos avisam,
sublinham e gritam sem gritar.

Mas quando estamos jovens,
pensamos ser donos do tempo, da vida.
E o futuro?
Parece não ser tão já.

Mas o tempo passa.
Delicioso e charmoso.
Nem percebemos que é implacável.
Às vezes burro, às vezes sábio.
A cegueira que nos leva a não perceber,
é que traz leveza.
A leveza que nos distrai.
E quando piscamos, numa manhã qualquer,
chegamos a esse lugar tão distante.

Me assusto, respeito.
Brindo me olhando no espelho.
Reverenciando as nuances dos meus cabelos,
tenho sabedoria para me enxergar.
Agradeço, porque é tão bom ainda estar por aqui.

TANTO PASADO SE HA HECHO

El tiempo ha pasado.
Yo parpadeé, tú parpadeaste, él parpadeó.
Y... de repente, tanto pasado se ha hecho.

Se ha hecho todo aquello que los más viejos avisan,
recalcan y gritan sin gritar.

Mas cuando somos jóvenes,
pensamos ser dueños del tiempo, de la vida.
¿Y el futuro?
Parece no ser tan pronto.

Mas el tiempo pasa.
Delicioso y encantador.
Ni percibimos que es implacable.
A veces burro, a veces sabio.
La ceguera que nos lleva a no percibir,
es la que trae ligereza.
La ligereza que nos distrae.
Y cuando parpadeamos, una mañana cualquiera,
llegamos a ese lugar tan distante.

Me asusto, respeto.
Brindo mirándome al espejo.
Reverenciando los matices de mis cabellos,
tengo sabiduría para verme.
Agradezco, porque es tan bueno aún estar por aquí.

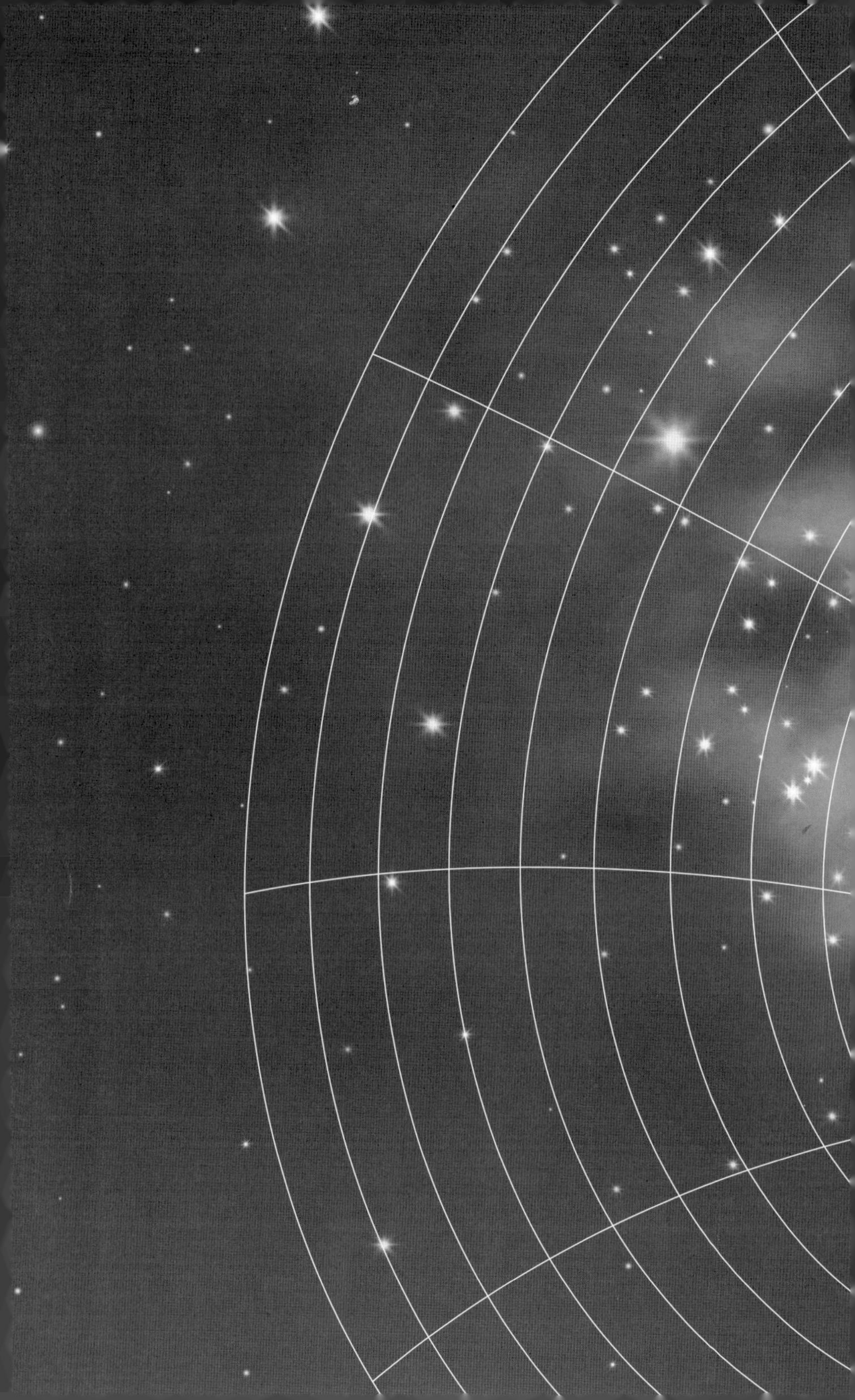

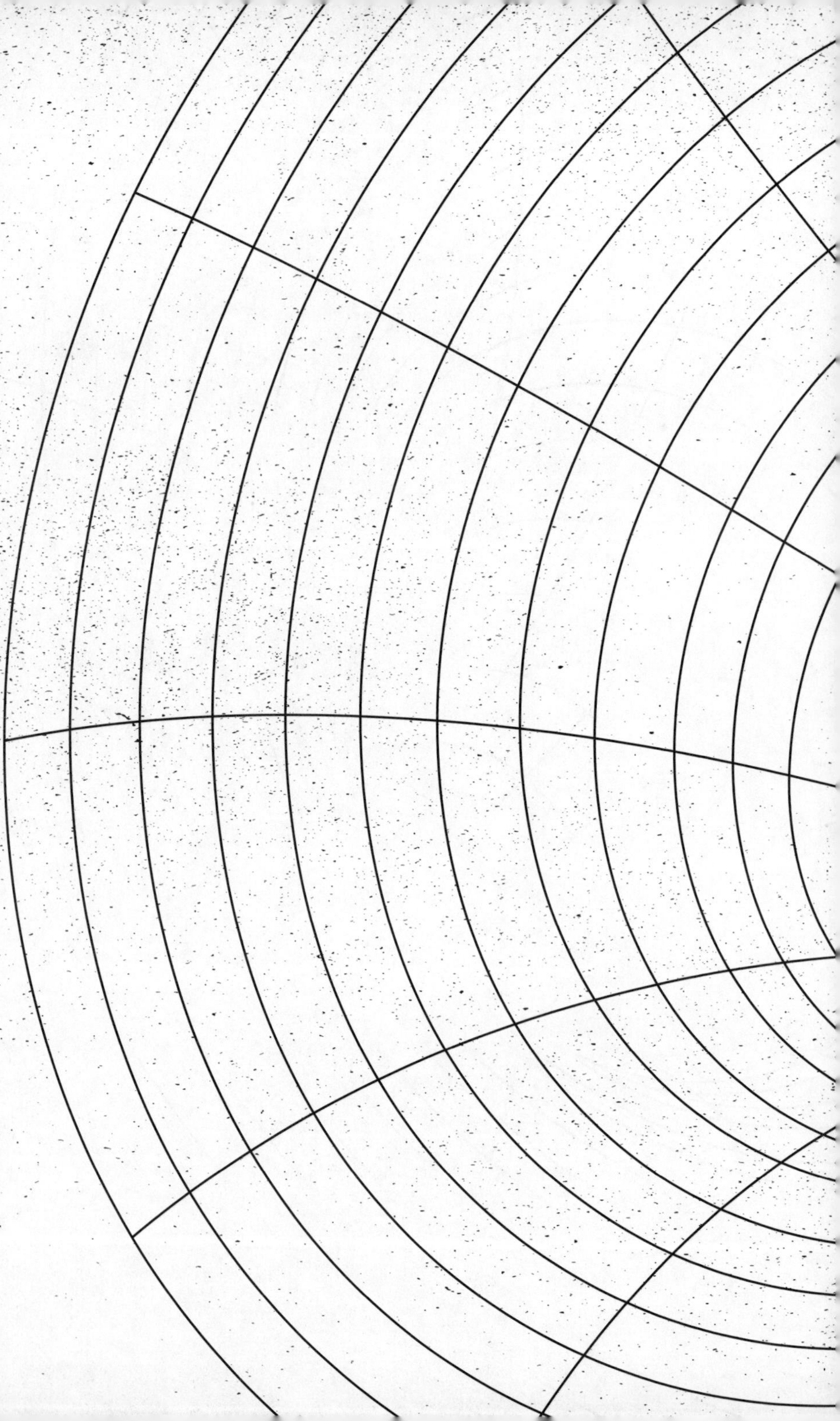

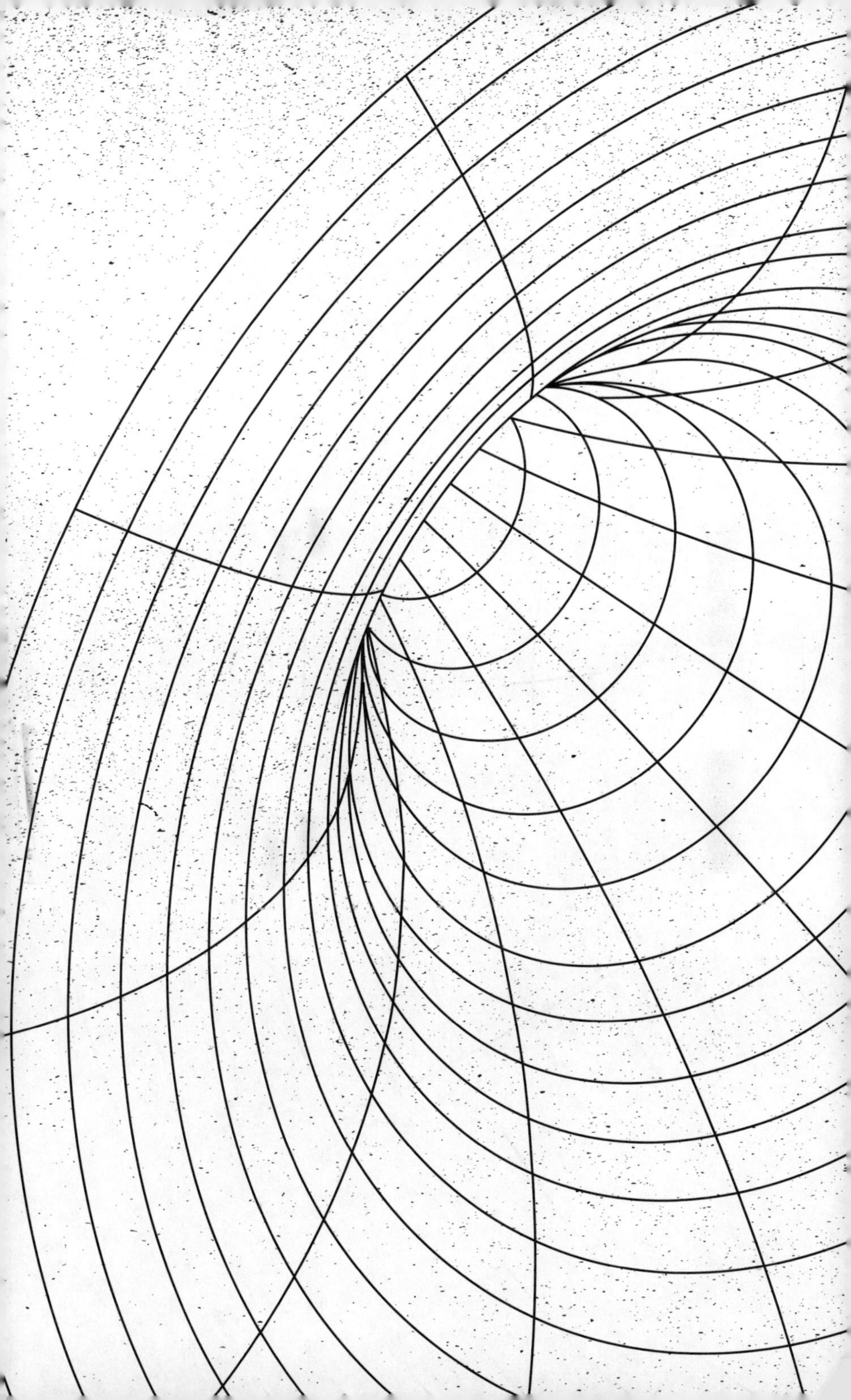

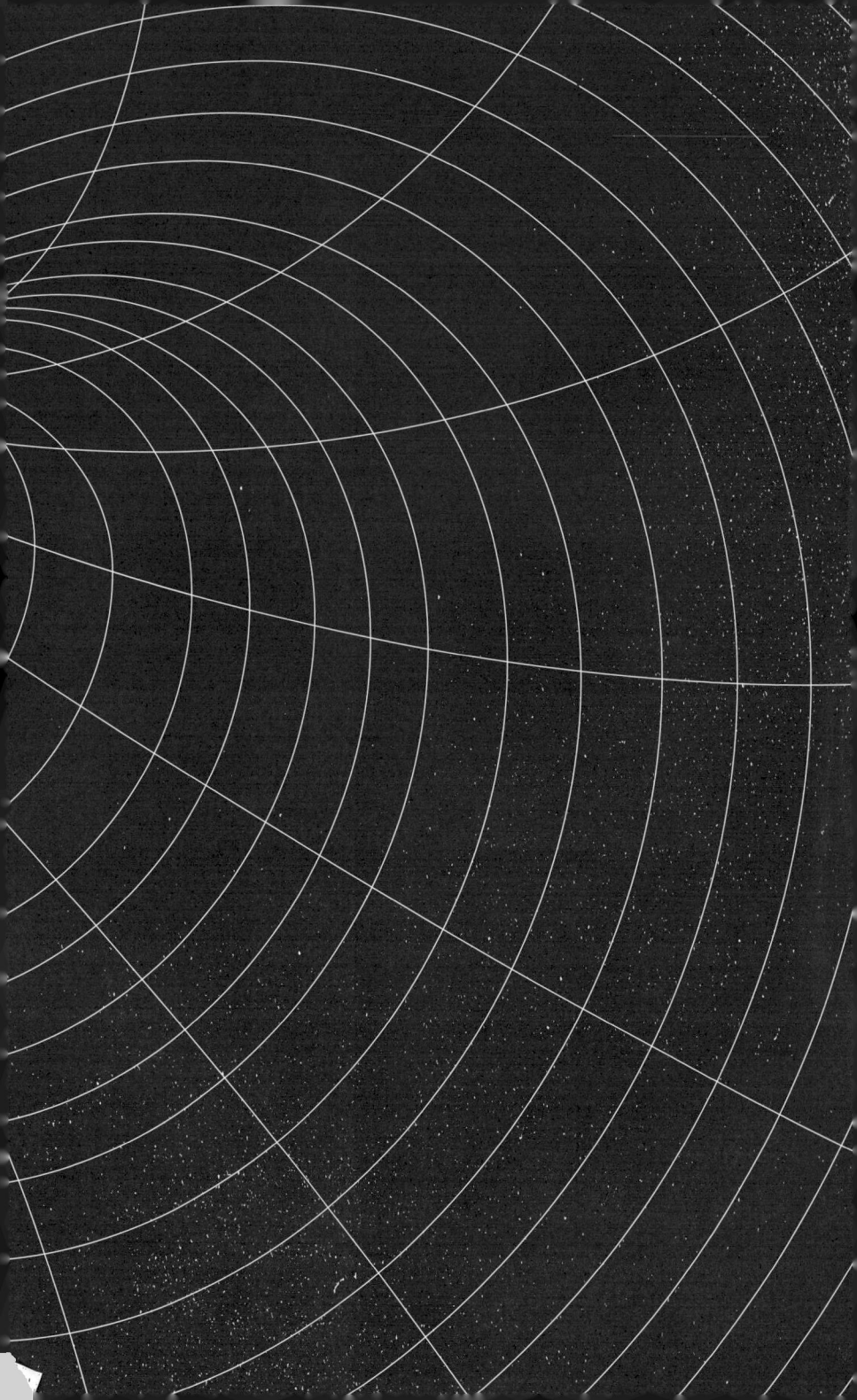